KB220396

기도로 사는 마음

보각 스님의 마음공부
기도로 사는 마음

1판 1쇄 인쇄	2022년 5월 2일
1판 2쇄 발행	2023년 7월 17일

지은이	보각
발행인	정지현
편집인	박주혜

대표	남배현
본부장	모지희
편집	손소전 김옥자
경영지원	김지현
펴낸곳	(주)조계종출판사
	서울 종로구 삼봉로 81 두산위브파밀리온 1308호
	전화 02-720-6107 | 팩스 02-733-6708
	이메일 jogyebooks@naver.com
	출판등록 제300-2007-78호(2007. 04. 27.)
구입문의	불교전문서점 향전(www.jbbook.co.kr) 02-2031-2070

ⓒ 보각, 2022
ISBN 979-11-5580-185-7 (03220)

보각 스님의 마음공부

기도로 사는 마음

조계종
출판사

책을 펴내며

산은 산이고 바다는 바다입니다.

유달산은 그 자체가 유달산이고
목포 앞바다 역시 흔들림이 없습니다.
부처님 마음이 그렇습니다.

본래 깨어 있는 마음을 가지고 있는
우리 모두는 부처님입니다.
산처럼 변치 않고, 바다처럼 활짝 웃는
그 마음이 바로 부처님 마음입니다.

유달산 달성사에 살아보니 '목포 8경'의

'달사모종(達寺暮鐘)'을 제대로 느끼게 됩니다.

목포를 은은하게 장엄하는

달성사의 범종 소리가 향기롭기만 합니다.

앞으로도 부처님 법이

목포를 비롯한 세상 곳곳에 종소리처럼 전해지기를 기

원합니다.

'지금 여기'에 계신 모든 부처님들께 이 책을 드립니다.

불기 2567(2023)년 하안거 중

목포 달성사 주지 보각 합장

자비의
_____

장
_____

001

몸뚱이는 음식을 먹고 살고,

마음은 기도를 먹고 산다.

― 『아함경』

제 인생의 좌우명입니다. 어느 순간 제 가슴 속에 들어와 딱 똬리를 틀고 있는 말씀입니다.

우리는 매일 일정량의 음식을 먹지 않으면 몸을 지탱할 수 없습니다. 배가 고프면 짜증도 나고 여러 가지 힘든 일이 많아집니다. 그래서 몸을 유지하기 위한 최소한의 공양은 필요합니다.

마음공부, 수행도 마찬가지입니다. 우리는 밥을 먹는 것처럼 기도, 수행을 쉬지 않고 해야 합니다. 최소 밥 먹는 시간보다는 더 해야 합니다. 그래야 더 큰 마음, 더 단단한 마음을 가질 수 있습니다. 기도하지 않고 수행하지 않으면 마음에는 큰 구멍이 생기고 말 것입니다. 수행자라면 특히나 더 정진에 게으름이 없어야 합니다.

밥도 잘 먹고 기도도 열심히 한다면 몸과 마음이 모두 튼튼한 사람이 될 것임을 믿어 의심치 않습니다.

002

자비로움을 집으로 삼고
인내를 옷으로 삼으라.

— 『법화경』

『법화경』「법사품」에 나오는 말씀으로 '자실인의(慈室
忍衣)'라고 합니다. 말 그대로 자비로 집을 삼고 인내로
옷을 삼으라는 뜻이죠. 자비와 인내만 있으면 세상 속
에서 너무나 행복한 삶을 살 수 있습니다. 다툴 일이 절
대 생기지 않을 것입니다.

제가 이 말씀을 가슴에 새기게 된 것은 존경하는 석
주 큰스님을 만나면서입니다. 평생 부처님 가르침을 세
상에 전하는 일에 진력하셨던 큰스님은 항상 하심(下心)
으로 대중들을 대하셨습니다. 손자, 증손자뻘 사람들이
와도 다르지 않았습니다. 당신을 스스로 낮추는 큰스님
의 모습은 항상 아름다웠고, 저에게도 큰 감동으로 다
가왔습니다.

큰스님께서는 항상 '자실인의'를 강조하셨습니다. 자비
에는 적이 없고, 인내를 이겨낼 수 있는 것도 없습니다.

003

자기를 바로 봅시다.

남을 위해 기도합시다.

남모르게 남을 도웁시다.

— 성철 스님

현대 한국불교를 대표하는 선지식(善知識) 성철 스님
께서 강조하신 말씀입니다. 지혜와 자비를 같이 실천하
신 어른다운 면모를 볼 수 있습니다.

먼저 자기를 바로 보라고 하셨습니다. 이 말씀은 곧
자기가 누구인지, 어떤 존재인지를 알아 깨달음을 이루
라는 말씀입니다. 무엇보다 스스로의 불성(佛性)을 아는
것이 가장 중요합니다.

남을 위해 기도하는 것은 불자에게, 일반 시민들에게
도 너무나 당연한 말씀입니다. 자기를 위한 기도를 넘어
남과 우리를 위한 기도는 세상을 맑고 따뜻하게 해 줄
것입니다. 그리고 마지막으로 남모르게 남을 돕는 것도
중요합니다. 보시(布施)한다는 생각 없이 보시하는 것이
제일 큰 보시의 미덕입니다. 세 가지를 한꺼번에 실천하
면 좋겠지만 우선 쉽게 할 수 있는 것부터 찬찬히 하다
보면 어느새 진짜 불자가 되어 있을 것입니다.

004

부처님이 세상에 나오심은

다섯 가지 일을 하기 위함입니다.

첫째, 법法의 바퀴를 굴리기 위해

둘째, 부모님을 제도하기 위해

셋째, 믿음이 없는 자에게 믿음을 일으키기 위해

넷째, 보살의 마음을 일으키기 위해

다섯째, 모든 보살에게 부처님이 되리라는

기별을 주기 위해

— 『증일아함경』

부처님은 모든 중생을 구제하기 위해 세상에 오셨습니다. 그래서 태어나자마자 '천상천하 유아독존 삼계개고 아당안지(天上天下唯我獨尊 三界皆苦 我當安之)'를 말씀하셨습니다.

진리의 바퀴를 굴려 모든 사람들이 법에 귀의하기를 당부하셨고, 슛도다나왕과 마야 부인, 양모 마하빠자빠티를 제도하고 모든 중생들이 본래 부처임을 알려주러 이 땅에 출현하신 것입니다.

우리는 가끔 부처님의 말씀, 깨달음이 너무 멀리 있는, 다다를 수 없는 것으로 생각하곤 합니다. 그러나 우리는 이미 불성을 갖춘 존재입니다. 다만 팔만사천 가지 번뇌망상에 둘러싸여 그 사실을 제대로 알지 못하고 있을 뿐입니다. 중생이 있으니 부처가 있는 것이고 부처가 있으니 중생이 있습니다. 중생과 부처가 둘이 아닙니다. 부처님께서 이 세상에 오신 뜻을 다시 한번 곰곰이 생각해 볼 시간입니다.

005

세상에 네 가지 귀의할 것이 있으니

첫째, 법法에 의지하고 사람에게 의지하지 말며

둘째, 뜻에 의지하고 말에 의지하지 말며

셋째, 지혜에 의지하고 지식에 의지하지 말며

넷째, 요의경에 의지하고 불요의경에 의지하지 말라.

— 『열반경』

부처님 가르침을 달이라고 한다면, 이를 풀어놓은 수많은 경전과 말씀은 그 달을 가리키는 손가락이라고 할 수 있습니다. 우리는 달을 보아야 합니다. 달에 바로 가야 합니다. 달을 가리키는 손가락만 보고 따라가다 보면 엉뚱한 길로 빠질 수 있습니다.

그래서 부처님 법과 뜻에 의지해야 합니다. 알음알이 지식이 아닌 부처님 법에서 나오는 지혜를 구해야 합니다. 부처님 법의 정수를 정리한 경전을 보아야 하지, 요설만 늘어놓은 책에 현혹되어서는 안 됩니다.

요즘처럼 다양한 매체를 접할 수 있는 시기가 없습니다. 신문과 방송은 물론 유튜브와 온갖 SNS가 넘쳐납니다. 현란한 말솜씨로 사람들을 끌어가는 힘이 대단합니다.

바른길이 부처님의 길입니다. 삿된 길에는 장애만이 나타날 뿐입니다.

006

법法의 보시는 보시 중 으뜸이고,
법法의 맛은 맛 중의 맛이다.
법法의 즐거움은 즐거움 중에 으뜸이고,
욕망의 소멸은 모든 괴로움을 이긴다.

—『법구경』

성철 스님께서는 진리, 법(法)이 다른 곳에 있다면 출가하지 않고 그리로 갔을 것이라고 말씀하신 적이 있습니다. 법(法)을 불교에서 확인할 수 있었고 부처님 가르침이 곧 법이고 진리라는 말씀이었습니다.

법을 나누는 것이 제일 큰 보시이자 공덕입니다. 법을 알지 못하는 사람들에게 법의 참맛을 알게 해 주는 것만큼 중요한 일이 없습니다.

혼자만 아는 법, 혼자만 느끼는 법은 의미가 없습니다. 나와 우리, 나아가 모든 사람들이 법을 알고 실천할 때 불국토(佛國土)를 만들 수 있습니다. 부처님 법을 믿고 공부하고 정진할 때 모든 욕망은 소멸할 것이며 열반의 기쁨을 누릴 수 있을 것입니다.

나쁜 짓을 하지 말고,

모든 착한 일을 받들어 행하며,

자신의 마음을 맑게 하라.

이것이 모든 부처의 가르침이다.

(諸惡莫作 衆善奉行 自淨其意 是諸佛敎)

— 『경덕전등록』

도림 선사와 백거이의 이야기입니다. 하루는 백거이가 나무 위에서 수행하던 도림 선사를 찾아 묻습니다.

"높은 나무 위에서 수행을 하면 불안하지 않습니까?"

"내가 보기에 밑에 있는 그대가 더 불안해 보이네."

"무슨 말씀입니까? 저에게는 높은 벼슬과 명성이 있는데 무엇이 불안하겠습니까?"

"높은 벼슬과 명성에서 떨어지는 건 내가 나무에서 떨어지는 것과는 비교도 되지 않을 정도의 고통을 받게 될 텐데?"

몇 마디 문답의 결론에서 도림 선사는 위 '칠불통계(七佛通戒)'를 말합니다. 그러자 백거이가 "그런 말은 세 살짜리도 아는 것"이라고 하자 도림 선사는 "세 살짜리 어린아이도 알고 있으나, 팔십 먹은 노인도 행하기 어려운 것"이라며 백거이에게 큰 깨달음을 주었습니다.

칠불통계는 석가모니를 포함한 일곱 부처님[七佛]의 공통된 가르침이라는 의미입니다. 모두가 다 아는 이 가르침을 실천하는 일이 바로 부처가 되는 길입니다.

믿음은 도의 근원이며 공덕의 어머니여서

모든 선한 법을 무럭무럭 자라게 하며

의심의 그물을 끊고 애착을 벗어나

위 없는 열반의 길을 열어 보이네.

— 『화엄경』

부처님 가르침을 공부하는 데 있어서 가장 필요하고 중요한 것은 믿음입니다. 믿음이 없으면 공부를 할 수도 없고 수행을 하기도 어렵습니다.

부처님 말씀과 경전 곳곳에서는 믿음이 무엇보다 중요하다고 강조하고 있습니다. 신해행증(信解行證)으로 시작되는 공부 과정에서도 첫 번째는 믿음[信]입니다. 화두 수행을 할 때도 대신심(大信心)-대분심(大憤心)-대의심(大疑心)을 강조하는데 여기서도 기본은 믿음입니다.

꼭 부처님 가르침을 공부하지 않아도 믿음은 어떤 일을 할 때 기본이 됩니다. 대학 수학능력시험을 준비할 때도 '나는 잘 할 수 있다'는 믿음이 전제조건이어야 합니다.

믿음은 부처님 공부나 학과 공부나 또한 모든 일에 있어서 기본 중의 기본입니다.

무명이 큰 어둠이라면 지혜는 밝은 등불이다.

— 『불본행경』

사람들이 계속해서 생사윤회의 고통을 받게 되는 가장 큰 이유는 무명 때문입니다. 무명은 우리들의 어리석음, 마음의 오염에서 시작됩니다. 무명에서 애욕이 생기고 애욕으로 인해 업(業)이 생기게 됩니다.

무명이 갈애(渴愛)와 애욕(愛欲)을 일으키고 업을 지으며 사람들은 생사윤회의 고통을 계속해서 받게 되는 것입니다. 이렇게 해서 결국 업의 악순환 고리가 계속 형성되는 것입니다. 무명에서 벗어나야 우리는 해탈의 길에 오를 수 있습니다. 지혜와 자비로 나갈 수 있습니다.

부처님 가르침 핵심은 지혜와 자비입니다. 수행 정진하여 깨달음을 얻으면 지혜로 나타납니다. 또 자비로운 마음도 함께 갖추게 됩니다. 지혜를 얻는 것은 인생의 길에서 등불을 만나는 것과 같습니다. 무명이라는 어둠을 물리치는, 지혜라는 큰 등불을 밝힐 때입니다.

010

진리를 모르고 사는 사람의 100년은

진리를 깨닫고 사는 사람의 하루만 못하다.

— 『법구경』

무명(無明)에서 벗어나 지혜를 얻는 것은 우리 삶에서 정말로 중차대한 일입니다. 그래서 무명에 빠져 100년을 사는 것보다, 단 하루를 살아도 진리를 깨닫는 것이 중요합니다.

'삼일수심천재보(三日修心千載寶) 백년탐물일조진(百年貪物一朝塵)'이라 했습니다. 즉 '3일 동안 닦은 마음은 천년의 보배가 되고, 100년 동안 탐한 재물은 하루아침에 티끌이 된다'고 했습니다.

3일이라는 짧은 시간 동안만이라도 마음을 닦으면 그것은 평생의 자산이 될 것이고, 100년 동안 모은 재산이라도 하루아침에 허공 속으로 사라지는 일은 허다합니다.

재물을 모으는 욕심에 심취하기보다 마음공부를 하는 하루가 되어야 할 것입니다.

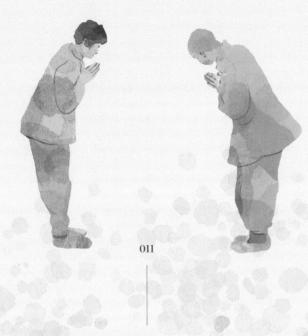

011

어머니가 사랑하는 외아들에게

자비를 베풀어주는 것처럼,

그와 같이 어디서나

모든 중생에게 자비를 베풀어주라.

―「상응부경」

이 세상 모든 부모님의 사랑은 말로 다 표현할 수 없습니다. 잘난 자식이건 못난 자식이건 부모님의 마음은 다 똑같습니다. 100살 어머니가 80살 아들을 걱정한다는 말은 절대 허언이 아닙니다. 『부모은중경』에서는 그래서 부모님의 열 가지 은혜를 말씀하시며 효도의 이유를 설명하고 있습니다.

중생들을 대하는 부처님의 모습 또한 다르지 않았습니다. 천차만별의 다양한 모습으로 살아가는 중생의 눈높이에 맞춰 부처님은 가르침을 전하셨습니다. 부처님께서 각자에게 맞는 법을 설하셨기에 모두가 아라한과를 얻었습니다.

부처님과 부모님의 마음으로 우리는 어려운 이웃들을 살펴야 합니다. 정말로 본인이 어렵고 어려운 환경이라면 눈물 한 방울이라도 보탤 수 있는 마음만 있으면 됩니다. 그 작은 정성이라면 우리 사회는 더 밝게 빛이 날 것입니다.

012

일체 병든 이를 보거든

부처님과 다름없이 여겨라.

— 『범망경』

얼마 진 열반에 드신 고우 스님의 법문이 생각납니다. 하루는 식당을 운영하는 한 신도가 고우 스님을 찾아와 식당 장사가 잘 안 된다며 하소연을 늘어놓았다고 합니다. 얘기를 듣던 고우 스님께서 한 분 한 분의 손님을 은인이라 생각하고 부처님으로 여기라고 당부하셨습니다. 처음에 그 말씀의 낙처를 모르던 신도님이 생각을 바꿔 부처님 모시듯 손님을 대하자 식당이 거짓말처럼 손님으로 북적이기 시작했다고 합니다.

우리 모두는 인연으로 연결되어 있습니다. 세계는 인드라망입니다. 모든 인연을 부처님 모시듯 대해야 합니다. 특히 병들고 힘들어하는 이들을 살피는 것은 사회공동체의 일원으로서 당연한 일입니다. 이웃이 아프면 나도 아프고, 내가 아프면 이웃도 아플 수밖에 없습니다.

013

태어남에 의해 천민이 아니다.

태어남에 의해 바라문이 아니다.

행위에 의해 천민이 되고,

행위에 의해 바라문이 된다.

— 『숫타니파타』

인도는 철저한 계급사회입니다. 석가모니 부처님이 탄생하실 때도 계급사회였고 수천 년이 지난 지금도 계급에 의한 차별은 여전합니다.

상위 계급에 속한 사람들은 하위 계급의 사람들을 막 대합니다. 얼마 전에 TV 뉴스에서 같은 옷을 입고 다르지 않게 생긴 사람이 다른 사람을 채찍으로 때리는 장면을 본 기억이 납니다. 노예 다루듯 매질을 하는 그 무지막지함에 아연실색하지 않을 수 없었습니다.

천민으로 태어났다고 해서 천민이 아닙니다. 귀족으로 태어났다고 해서 귀족이 아닙니다. 어떤 생각을 하고 어떤 행동을 하느냐에 따라 귀족이 되기도 하고 천민이 되기도 합니다. 늙은 노동자를 폭행하고 맷값이라며 수천만 원을 던지는 사람은 경영자가 아니라 깡패일 뿐입니다. 어린이들을 괴롭히고 동물을 학대하는 나이 많은 사람이 어른이 아닌 것과 마찬가지입니다.

평상심平常心이 도道이다.

― 마조 스님

평상심이 도라고 합니다. 이를 말씀하신 마조 스님의 어록을 펼쳐 봅니다.

"만약 곧바로 도를 알고자 하는가. 평상심이 바로 도이다. 무엇을 평상시의 마음이라 하는가? 일부러 조작하지 않고, 옳고 그름을 따지지 않으며, 취하고 버리지도 않고, 죽으면 끝으로 단절된다거나 영원하다고 생각하지 않고, 범부도 아니고 성인도 아닌 것이 바로 평상심이다."

이 말씀 그대로입니다. 일부러 조작하지도 않고 옳고 그름을 따지지 않는 본래의 마음입니다. 무언가에 대해 분별하고 따지면서 마음은 출렁입니다. 잔잔하던 마음은 이내 폭풍우를 동반한 거대한 파도가 되어 휩쓸리게 됩니다.

시비분별에 빠지지 않는 마음, 우리에게는 지금 평상심이 필요합니다.

지붕을 성글게 이으면 비가 새듯이

마음을 잘 단속하지 않으면

번뇌가 스며들고 만다.

— 『법구경』

어린 시절 시골 마을에는 초가집이 꽤 많았습니다.
아니 대부분이 초가집이었습니다. 저 역시 초가집에 살
았습니다.

매년 추수가 끝나면 초가집의 지붕은 새 볏짚으로
단장을 했습니다. 지붕 아래에서 볏짚을 던져주면 지붕
위에 계시던 어른들이 그것을 받아 정성껏 이었습니다.
볏짚은 기와나 양철과 달리 비와 눈에 취약하기 때문에
어른들이 몇 번씩 확인해가면서 지붕 작업을 했던 것이
생각납니다.

우리 마음도 마찬가지입니다. 빈틈을 메우지 않으면
구멍이 숭숭 뚫립니다. 작은 구멍이 큰 둑을 무너지게
하듯 마음에 구멍이 나면 수많은 번뇌가 그 틈을 비집
고 들어옵니다. 마음을 잘 단속해야 합니다. 그 단속된
마음이 평화로 이어지는 법입니다.

지혜로운 사람은 인색하거나 성내지 않고

어리석지 않으며

위험이 닥쳐와도 두려워하지 않고

자신의 이익을 위해 남을 모함하지 않으며

항상 중도中道에 있다.

— 『잡보장경』

탐욕심(貪欲心)·진에심(瞋恚心)·우치심(愚癡心)의 삼독심(三毒心)을 없애면 자연스럽게 지혜와 자비의 마음이 생깁니다. 탐욕과 노여움과 어리석은 마음을 제거하면 깨달음이 열리는 것입니다.

깨달은 사람의 마음은 어떤 상태일까요? 그 어떤 것도 두려워하지 않으며 나보다는 남과 우리를 생각합니다. 그래서 깨달은 사람의 주변은 항상 화합하고 평화롭습니다.

깨달음의 마음은 중도(中道)입니다. 양 극단을 버리고 중간의 마음도 버리는 것이 중도입니다. 모든 것을 여읜 상태가 중도입니다. 중도의 마음으로 살아가는 삶이 깨달음의 삶입니다.

017

천상천하 유아독존　天上天下 唯我獨尊

삼계개고 아당안지　三界皆苦 我當安之

하늘 위나 하늘 아래에서 내 가장 존귀하네.

온 세상이 고통이니 내가 편안케 하리라.

― 부처님 탄생게

부처님은 아버지 슛도다나왕과 어머니 마야 부인 사이에서 태어났습니다. 당시 풍습에 따라 마야 부인이 친정으로 가던 도중 룸비니 동산에서 부처님을 낳았습니다.

부처님은 태어나자마자 일곱 걸음을 걸은 뒤 '천상천하 유아독존'을 말씀하셨습니다. 이 말씀은 가끔 왜곡된 의미로 쓰이기도 하는데, 나 자신만이 존귀하다는 뜻이 아닌 우리 모두는 각자 불성(佛性)을 가진 존재라는 말씀입니다. 또 부처님께서는 세상 사람들의 모든 고통을 없애 편안케 해 주겠다고 말씀하셨습니다.

사실 부처님이 이 세상에 오신 뜻은 이 말씀에 다 담겨 있습니다. 각자의 불성을 깨닫게 하고 고통 없는 삶을 살도록 하는 것이 부처님의 목표였습니다. 지금이라도 늦지 않았습니다. 본래의 청정한 마음을 알아 무한 향상의 삶을 살아갈 때입니다.

비구들이여,

나는 신과 인간의 굴레에서 해방되었다.

그대들 역시 신과 인간의 굴레에서 해방되었다.

비구들이여, 세상을 불쌍히 여기는 마음으로

신과 인간의 이익과 번영, 행복을 위하여,

많은 사람의 번영과 많은 사람의 행복을 위하여

길을 떠나라! 둘이 가지 말고 홀로 가라!

비구들이여, 처음도 아름답고 중간도 아름답고

마지막도 아름다우며

말과 의미를 갖춘 가르침을 설하라!

완전히 성취되고 두루 청정한 종교적인

삶을 널리 알려라!

― 부처님 전도대선언, 『율장』

고행을 거듭하던 싯다르타 보살은 수자타의 우유죽 공양을 받고 삼매에 들어 깨달았습니다. 부처님이 되신 것입니다. 깨달은 뒤 법을 전하기를 잠시 주저하다 같이 수행하던 다섯 명의 비구에게 가르침을 내려 아라한이 되게 하셨고 깨닫는 제자들이 늘자 전법에 나설 것을 위와 같이 당부하셨습니다.

부처님 법을 일부의 사람들만 알고 공부하는 것은 의미가 없습니다. 그들만의 리그는 소용없습니다. 고통받는 사람들에게 그 고통의 원인이 무엇이고 어떻게 고통을 없앨 수 있는지를 알려주는 것만큼 중차대한 일은 없습니다.

지금도 불교의 존재 이유를 생각해보게 하는 '전도대선언'입니다.

019

전쟁에서 백만 대군을 이기는 것보다

자신을 이기는 자야말로 진정한 승리자이다.

— 『법구경』

세계 역사는 어찌 보면 전쟁의 역사이기도 합니다. 전쟁을 통해 나라가 세워지기도 없어지기도 했습니다. 어떤 특정한 영웅이 전 세계를 정복하면서 세운 대제국은 역사 이야기의 단골 레퍼토리이기도 합니다.

그러나 전쟁의 이면은 늘 참혹했습니다. 수많은 백성들이 이유 없이 죽어갔고 죽지 않은 이들은 죽는 것 이상의 고통을 안고 살아갔습니다. 그래서 좋은 전쟁은 없다고 하는 것입니다.

부처님의 화신이라고 불렸던 아소카 대왕의 삶이 그랬습니다. 전 인도를 통일하면서 역대 최고의 왕으로 칭송받았습니다만 항상 어딘가 허전함을 느꼈습니다. 부처님의 가르침을 접한 뒤 본래 마음자리가 무엇인지를 알게 되었고 자기 수행은 물론 모든 불교도들의 든든한 후원자가 되었습니다.

방대한 영토를 갖고 온갖 금은보화를 얻을지라도 자신의 마음을 제대로 알지 못하면 언제나 불안하고 불행함을 우리는 많이 보고 있습니다.

020

밖으로 모든 인연을 쉬고

안으로는 마음의 헐떡거림이 없으며

마음이 장벽과 같을 때

비로소 도道에 들어간다.

— 『선원제전집도서』

사람들은 밖을 향해 내달립니다. 밖에 있는 그 무엇, 부와 돈, 명예를 좇아 이리 치이고 저리 치이면서도 오로지 맹목적으로 뛰어갈 뿐입니다. 이렇게 가쁜 숨을 몰아쉬며 달리고 달려 도착하는 곳은 어디일까요? 불안과 초조일 뿐입니다. 마음은 지쳐 흔들리고 헐떡거릴 뿐입니다.

시비분별에 빠지지 않는 평상심이 바로 도(道)라 했습니다. 옳고 그름을 따지는 것이 아닌 세상을 있는 그대로 바라보는 것이 도라 했습니다.

올곧은 마음, 흔들림 없는 마음이 서야 도에 들어서고 도를 이룰 수 있습니다. 흔들리는 마음으로는 아무것도 할 수 없습니다.

마음을 바로 세우는 것을 정견(正見)이라고 합니다. 바르고 정확하게 봐야 마음을 바로 세울 수 있습니다.

021

불법佛法의 큰 바다는 믿음으로 들어가며

지혜로 건넌다.

— 『대지도론』

불법(佛法)의 바다는 넓고 깊습니다. 끝이 있는 것 같기도 하고 없는 것 같기도 합니다. 부처님 가르침은 믿음에서 시작되어야 합니다. 믿음이 없으면 아무것도 할 수 없습니다.

진리 그 자체인 부처님의 가르침을 공부하는 것은 믿음에서 시작해 지난한 수행과정을 거쳐 지혜의 완성으로 마무리됩니다. 지혜를 얻고 자비를 갖출 때 불법의 큰 바다를 건널 수 있습니다.

지혜와 자비로 부처님 가르침을 실천해 나갈 때 우리는 불국토를 만납니다. 너와 내가 둘이 아니고, 남과 여가 둘이 아니고, 아이와 어른이 둘이 아닌 평화로운 세상이 우리를 기다리고 있습니다.

모든 중생에게는 피할 수 없는 일곱 가지가 있다.

첫째는 태어남이고

둘째는 늙음이며

셋째는 병듦이고

넷째는 죽음이며

다섯째는 죄이고

여섯째는 복이며

일곱째는 인연이다.

이 일곱 가지 일은 아무리 피하려 해도

마음대로 되지 않는다.

— 『법구비유경』

평생을 살아가면서 겪을 수밖에 없는 일들입니다. 생로병사(生老病死)는 당연한 것이고 아무리 작아도 죄와 복이 있을 것이며 무수한 인연을 맺고 살아갑니다.

여기서 중요한 것은 이들을 대하는 자세입니다. 피할 수 없으면 즐기라고 했습니다. 즐긴다는 것이 아무렇게 산다는 의미는 아닙니다. 제대로 정확히 보고 당당하게 맞이하는 자세를 말합니다.

부단한 정진과 공부를 통해 단련된 마음으로 생로병사를 극복하고 죄보다는 복을 많이 지을 것이며 모든 순간순간이 인연으로 맺어져 있음을 알아차린다면 우리 모두 아름다운 인생을 살 수 있을 것입니다.

023

마음은 사람을 그르치기도 하고,

몸을 죽게 만들기도 하고,

아라한도 되게 하고,

천신도 되게 하고,

사람도 되게 하고,

축생도 되게 하고,

지옥에 있게도 하고,

아귀도 되게 하니,

형상을 만드는 것은 모두 마음이 이루는 것이다.

— 『불반니원경』

‘일체유심조(一切唯心造)’라고 했습니다. 원효 대사의 ‘해골물’ 일화처럼 모든 것은 마음이 만든다고 했습니다. 모든 것은 마음에 달려 있다고 했습니다.

위 말씀은 일체유심조의 가르침을 좀 더 자상하게 풀어 주신 것입니다. 알아들을 수 있게 설명해 주신 것이죠.

그래서 평상심, 평정심, 자기를 바로 보는 마음이 중요합니다. 마음속에 파도가 출렁이고 바람이 불면 마음이 어지러워집니다. 마음이 움직이면 시비(是非)에 휘말리고 분별(分別)에 빠질 것입니다.

마음이 아라한도 되게 하고 축생도 되게 할 수 있습니다. 지금 이 순간 여러분의 마음은 깨어 있습니까? 숨 한번 크게 내쉬고 마음을 들여다봅니다.

024

지극한 도道는 어렵지 않나니,

단지 시비하고 가리는 것만 떠나면 된다.

미워하고 사랑하는 마음을 짓지 않는다면

명백하게 드러날 것이다.

— 『신심명』

도는 쉽습니다. 세수하다 코 만지는 것과 같습니다. 배고프면 밥 먹고 졸리면 자는 것과 같습니다. 역시 중요한 것은 마음 컨트롤입니다. 마음속에 번뇌와 망상이 가득하면 세수하다 코를 벨 수도 있습니다. 밥을 먹다 체하기 마련입니다. 잠을 자도 악몽만 꾸게 됩니다.

마음은 분별에 빠지는 순간 어지러워집니다. 요동치게 됩니다. 미워하고 사랑하는 마음을 갖게 되면 결과는 뻔합니다.

양극단에 빠지거나, 심지어 중간에 경도되어도 마음은 오염됩니다. 분별하고 시비하는 마음을 벗어나면 모든 것은 명백해집니다. 그것은 바로 도(道)의 길입니다.

025

부처님께서 말씀하셨다.

정진하면 열 가지 이익이 있다.

첫째, 남이 꺾어 누르지 못하고

둘째, 부처님께서 거두어 주시며

셋째, 사람 아닌 것의 보호를 받고

넷째, 법을 들으면 잊지 않으며

다섯째, 듣지 못했던 것을 들을 수 있고

여섯째, 말솜씨가 뛰어나게 되며

일곱째, 삼매를 얻고

여덟째, 병이 적고 괴로움이 적으며

아홉째, 잘 먹고 잘 소화되고

열째, 더러운 데에 물들지 않는다.

— 『월등삼매경』

수행 정진해야 하는 이유는 명백합니다. 부처님께서 말씀하신 이런 이익이 있기 때문입니다. 부처님 법을 공부하면 자다가도 떡이 생깁니다. 저절로 웃음이 나옵니다. 주변의 모든 사람들이 아름다워 보입니다.

웃어야 웃을 일이 생깁니다. 울면서 웃을 일을 기대해서는 안 됩니다.

공부하고 정진해야 보다 나은 삶을 살 수 있습니다. 좀 더 들여다보면 부처님께서 말씀하신 열 가지 이익보다 더 많은 장점이 있는 것 같습니다. 지금 실천할 수 있는 것부터 하나 하나 만들어 가 봅시다.

026

진리를 가까이하면

히말라야의 눈처럼 멀리 있어도

그 이름 드러나고,

진리를 멀리하면

밤에 쏜 화살처럼 가까이 있어도

나타나지 않는다.

一『법구경』

한국불교의 한 획을 그은 원효 스님이나 경허 스님은 깨달음을 이룬 뒤 행적을 감추셨습니다. 비승비속의 삶을 살았던 두 선지식은 저잣거리에서 민중들과 함께 마음을 나누었습니다. 훗날 두 스님의 삶은 사람들의 입에서 입으로 전해졌습니다.

법, 진리를 깨우친 두 스님의 행(行)은 거침이 없었습니다. 그래서 다소 비판을 받는 것도 부인할 수 없습니다. 그러나 두 스님의 가르침은 훗날 사람들에 의해 다 드러났습니다.

진리를 찾지 않고 이름만 좇는 수행자들 역시 금방 그 실체를 드러냅니다. 수행하지 않고 공부하지 않으면서 명예 드러내는 것에만 열심인 사람들을 명리승(名利僧)이라 합니다. 수행자보다는 명리승이 많아지는 것 같아 마음이 아프지만, 그래도 깨달음을 위해 정진하는 수행자들이 더러 눈에 띄어 든든하기도 합니다.

027

물의 차고 더움은 마셔본 사람만 스스로 알듯이

진리의 극치는 말로 표현할 수 없으므로

스스로 체험하지 않고는 통할 수 없다.

— 『대혜보각선사어록』

옛날에 지도는 길을 나서는 사람들에게 필수품이었습니다. 때로는 해와 달과 별을 벗 삼아서, 또는 바람의 흐름을 느끼며 목적지를 찾아갔지만 지도는 없어서는 안 될 존재였습니다.

길을 찾아 나선 사람에게 지도가 중요하듯이 불교 공부인들에게 경전도 필수품입니다. 부처님의 말씀과 가르침을 정리해 놓은 경전을 보면서 무언가 모를 환희심이 솟구치기도 합니다.

그런데 여기서 중요한 것은 경전 이후의 단계입니다. 경전을 아무리 많이 읽어도 직접 수행하는 것만 못합니다. 참선이든 절이든 명상이든 그 무슨 수행이든 직접 해봐야 합니다. 직접 체험하며 느끼는 것은 지침서나 안내서를 읽는 것과 차원이 다릅니다.

체험을 통한 체득은 삶을 바꿉니다. 삶이 바뀌면 행복으로 가는 문이 열립니다. 지금의 작은 실천 수행이 여러분들의 삶을 바꿀 것입니다.

028

불자佛者라면 반드시 다섯 가지 믿어야 할 것이 있다.

첫째는 부처님을 믿을 것이요.

둘째는 그 가르침을 믿을 것이요.

셋째는 그 계戒를 믿을 것이요.

넷째는 경전經典을 믿을 것이요.

다섯째는 선지식善知識을 믿을 것이다.

이 다섯 가지를 모두 잘 믿으면

반드시 도道를 얻게 되리라.

— 『삼혜경』

법회에 참석하게 되면 처음에 하는 의식이 바로 삼귀의(三歸依)입니다. 부처님께 귀의하고, 부처님 가르침에 귀의하고, 승가에 귀의하겠다는 다짐을 하며 마음을 바로잡습니다. 불법승(佛法僧) 삼보에 귀의하는 것만큼 중요한 것이 없기에 맨 처음 식순에 자리하고 있습니다.

계(戒)를 지키는 것도 매우 중요합니다. 계는 부처님과의 약속이고 도반들과의 약속이고 스스로와 약속이기도 합니다. 일상생활은 계와 함께해야 합니다. 또 부처님의 가르침이 정리된 경전을 보며 공부하는 것도 필요합니다.

마지막으로 수행과 정진, 공부에 대한 의문이 생겼을 때 이를 물을 수 있는 선지식도 모셔야 합니다. 선지식의 말씀이 바로 삶의 나침반이 되기 때문입니다.

위의 다섯 가지를 믿고 따르는 것이 다소 거창하게 보일지 모르나 알고 보면 가장 기본적인 것들입니다. 다섯 가지를 다시 마음에 새겨 봅니다.

029

화합이란 물에 기름을 타는 것이 아니라

물에 우유를 타는 것이다.

— 부처님

승가의 제1 덕목이라고 하면 역시 화합(和合)입니다. 승가뿐만 아니라 어느 조직이건 화합이 발전의 제1 조건일 것입니다.

그런데 화합이라고 다 같은 화합이 아닙니다. 요새 하는 말로 화학적 화합, 화학적 결합이 중요합니다. 1+1=1, 1+1=2의 화합이 아니라 1+1=0이 되는 화합이 진짜입니다.

물 1에 기름 1을 합치면 그냥 2입니다. 그런데 물 1에 우유 1을 더하면 0이 됩니다. 물이 우유 속에, 우유가 물 속에 녹아들기 때문입니다. 그래서 0이 됩니다. '나'와 '너'가 '우리'가 되어야 진정한 화합입니다.

부처님께서는 제자들에게 항상 화합을 강조하셨습니다. 여러 사람이 모여 수행공동체 생활을 했기 때문에 크고 작은 문제들이 생겼습니다. 그래서 계율이 만들어졌습니다. 계율의 기본정신이 바로 화합임을 잊지 않아야 합니다.

030

마음이 생하면 일체만법이 생하고

마음이 멸하면 일체만법이 멸한다.

— 『능가경』

일자무식에 나무를 팔아 생계를 유지하던 혜능 스님은 『금강경』의 '응무소주 이생기심(應無所住 而生其心)' 즉 '머무는 바 없이 그 마음을 내라'는 한 말씀을 듣고 발심합니다. 그길로 곧장 오조 홍인 스님을 찾아가 귀의하고 수행자가 되었습니다. 홍인 스님이 오랑캐는 깨달을 수 없다고 시험하자 불법에는 아무 차별이 없다고 받아치는 당돌함을 보이기도 합니다.

혜능 스님은 그때 생긴 그 마음으로 일체만법을 깨달았습니다. 마음이 열려 세상을 품었습니다. 마음의 문이 닫히면 세상과도 단절됩니다. 일체만법은 사라지고 말 것입니다.

마음을 열어 하늘을 봅니다. 세상 모든 인연이 내 눈과 내 귀와 내 마음으로 들어옵니다. 그렇게 행복의 문은 저절로 열리게 됩니다.

031

정토를 얻으려 하면

마땅히 그 마음을 깨끗이 하여야 하니

마음의 깨끗함을 따라 불국토가 깨끗해진다.

— 『유마경』

마음청정 국토청정이라 합니다. 마음이 청정하면 국토가 청정해집니다. 당연히 마음이 깨끗하지 못하면 국토 또한 더러워집니다. 그래서 각자의 청정이 중요합니다. 개인의 청정, 집단의 청정이 국가의 청정으로 이어집니다. 여기서의 청정은 눈에 보이는 깨끗함과 더러움만을 이야기하는 것이 아닙니다.

개인의 수행이 부족하고 깨끗하지 못한 마음이 있다면 불국토는 멀리 있을 수밖에 없습니다. 마음이 정토인 사람들이 많이 있다면 불국정토는 바로 여기에 있습니다.

우리가 살고 있는 곳이 청정하고 아름다운 불국토(佛國土)인지 더럽고 번뇌만 가득한 예토(穢土)인지는 금방 알 수 있습니다. 모두 청정한 마음으로 함께 하는 불국정토가 하루빨리 실현되기를 기대해 봅니다.

032

봄에는 꽃이 피고
가을에는 달이 밝으며
여름에는 시원한 바람 불고
겨울에는 눈이 내린다.

만약 좋고 나쁨을 생각하지 않는다면
언제나 좋은 계절이 아닌 것이 없다.

—『무문관』

위 말씀의 원문을 살펴봅니다.

춘유백화추유월   春有百花秋有月

하유량풍동유설   夏有涼風冬有雪

약무한사괘심두   若無閑事掛心頭

변시인간호시절   便是人間好時節

봄에는 꽃이 피고 가을엔 달이 밝네.

여름엔 시원한 바람 겨울엔 흰 눈.

부질없는 일로 가슴 졸이지 않으면,

인간의 좋은 시절 바로 그것이라네.

긴 설명이 필요 없는 무문 선사의 선시입니다. 부질
없는 일에 마음 졸일 필요 없습니다. 번뇌와 망상에 끄
달릴 필요도 없습니다. 시비분별도 부질없는 짓입니다.
이런 마음만 없으면 바로 좋은 시절입니다.

033

마왕 파순의 여덟 군대

첫째, 탐욕

둘째, 증오

셋째, 기갈

넷째, 애착

다섯째, 권태와 수면

여섯째, 공포

일곱째, 의혹

여덟째, 허영과 고집

고타마 싯다르타가 왕자의 권위를 버리고 출가해 고행을 거듭했지만 실패하고 수자타가 올린 우유죽을 먹고 기운을 차려 다시 선정에 들어 깨달음을 얻습니다. 그날이 바로 음력 12월 8일 성도재일입니다.

싯다르타가 깨달음을 향해 달려갈 때 마왕이 나타나 쉬지 않고 괴롭힙니다. 깨달음을 얻지 못하도록 유혹합니다. 그것이 바로 마왕 파순의 여덟 군대입니다. 깨달음을 방해하는 여덟 가지 요소라고 할 수 있습니다. 꼭 깨달음이 아니어도 평소 생활에도 적용할 수 있는 것이기에 다시 되새겨 봅니다.

탐욕과 증오, 기갈, 애착, 권태와 수면, 공포, 의혹, 허영과 고집. 이것을 피할 수 있으면 행복의 길에 들어설 것입니다. 깨달음에 이를 것입니다.

034

하루 참선을 하면 하루 부처가 된다.

— 선문

하루 수행을 하면 하루 부처님이 됩니다. 하루 참선을 하면 그 하루는 부처님이 됩니다. 경전을 읽어도 좋고 절을 해도 좋습니다. 수행을 하는 시간만큼은 여러분도 부처님입니다.

다만 하루에 그쳐서는 곤란합니다. 힘들어도 하루, 이틀, 사흘 시간을 늘려야 합니다. 수행은 쉼이 없어야 합니다. 무엇이든 꾸준히 하면 영원한 부처님으로 살 수 있습니다.

저도 매일 사경을 합니다. 부처님 경전의 꽃이라고 불리는 『법화경』을 매일 받아쓰며 한 글자 한 글자를 머리에 새기고 마음에 담습니다. 어느새 제 책장 전체를 사경지가 채우고 있습니다. 매일 매일의 수행은 '날마다 좋은날'입니다.

035

일이 없으면 쉬는 것이 상책이고

배가 고프면 밥을 먹고

잠이 오면 눈을 감는 것이 좋다.

범인은 나를 비웃겠지만 현자는 그것을 안다.

— 『임제록』

깨달음은 멀리 있지 않습니다. 나와 우리에게 항상 같이 있습니다. 그러니 일이 없으면 쉬는 것이고 배가 고프면 밥을 먹고 잠이 오면 눈을 감고 잠에 듭니다.

범인들은 이를 제대로 보지 못합니다. "나도 그렇게 하는데, 그럼 나도 부처인가?"라고 물으며 웃을 것입니다. 깨달음의 지극히 평범한 모습이지만 그 실상을 제대로 알지 못하니 이렇게 말을 할 수 있을 것입니다.

깨달음은 일상과 동떨어진 것이 아닙니다. 일상이 깨달음이고 깨달음이 일상입니다. 범부들도 번뇌와 미혹함을 바로 보고 불성(佛性)을 알아차리면 즉시 부처입니다. 평상심(平常心)이 바로 도(道)입니다.

보살의

장

036

방일放逸하는 과실은

도에 어긋나 가르침의 다리를 끊으며

선심의 씨를 깨뜨리며 온갖 망념을 이끌어낸다.

악취에 떨어지는 일은 방일에서 생긴다.

— 『제법집요경』

방일은 게으름을 이르는 말입니다. 수행에 있어 게으름은 제일 큰 장애입니다. 게으름은 도(道)로 가는 다리를 끊으며 수행하는 마음을 잘라내 결국 악취에 떨어지게 합니다. 그래서 선지식들께서는 게으름을 경계하라고 강조를 하셨습니다.

"옛 스님들도 늘 하신 말씀이다. '죄 중에 사람을 죽이는 죄가 가장 크지만, 공부니 수도니 한답시고 허송세월하는 놈이 있으면 그런 놈은 하루에 만 명을 때려죽여도 죄가 되지 않는다'고 하였다. 그러니 모름지기 부지런히 노력하고 또 노력할 일이다."

추상같은 말씀입니다. 오늘도 가슴에 새기고 또 새깁니다.

037

말 많은 이의 다섯 가지 허물

첫째, 상대방이 말을 믿어주지 않고
둘째, 상대방이 말을 들어주지 않고
셋째, 상대방의 미움을 받고
넷째, 거짓말을 많이 하며
다섯째, 남으로 하여금 싸우게 한다.

— 『증일아함경』

기호학자 비트겐슈타인은 '언어는 사상의 집'이라고
했습니다. 사람의 사상이, 생각이 언어를 통해 표현되기
때문입니다.

사상이라는 거창한 말을 쓰지 않아도 언어는 한 사
람의 인격이자 정체성을 드러내는 것입니다. 그래서 언
어의 사용, 말의 쓰임은 중요합니다.

말은 적절하게 하는 것이 좋습니다. 너무 적은 말도,
너무 많은 말도 결국에는 문제가 될 수 있습니다. 특히
말을 많이 함으로써 생기는 문제는 다 헤아릴 수 없을
정도입니다.

신뢰의 말, 믿음의 언어는 나와 남을 행복하게 합니
다. 소통의 매개체가 되기에 원만한 인연을 만들게 합니
다. 실제로 말 한 마디가 천 냥 빚을 갚게 하기도 합니
다. 진중하고 차분한 말이 필요합니다.

038

연기緣起를 보는 자는 법을 보고

법을 보는 자는 부처를 보고

부처를 보는 자는 나를 본다.

— 부처님

치열한 정진 끝에 싯다르타 왕자가 부처님이 되시고 난 뒤 깨달은 내용은 중도(中道)·팔정도(八正道)·사성제(四聖諦)·연기(緣起)였습니다. 연기의 중요성을 말씀하시면서 연기와 법, 부처님의 상관관계를 이렇게 설명하고 계십니다. 그만큼 연기가 중요하기 때문입니다.

연기는 세상의 모든 관계의 생성과 소멸에 대한 것입니다. 모든 것은 인연으로 연결되어 있습니다. 인드라망이라고 하지요. 모든 것이 인연에 따라 만들어지기도 하고 없어지기도 합니다. 인연법을 알게 되면 세상사의 모든 의문이 해소됩니다. 원인이 있기 때문에 결과가 만들어집니다. 불교는 인과(因果)의 종교라고 합니다. 인과를 믿어야 합니다. 그 중심에는 연기가 있습니다.

039

불성佛性이 평등한 까닭에

중생을 보는 데 있어 차별이 없다.

— 『열반경』

불성(佛性)에는 차별이 없습니다. 육조혜능 스님의 일갈에서도 알 수 있듯이 사람에게는 남북의 차이가 있을지언정 불성에는 남북이 없는 것입니다.

부처님 당시를 보아도 이 말씀은 틀리지 않습니다. 부처님께서는 남녀노소와 계급에 따른 차별을 두지 않고 가르침을 설하셨고, 그 어떤 집단에 속해 있건 부처님의 가르침에 따라 깨달음을 얻었습니다.

당시 인도 최고의 사상가들에서부터 똥을 푸는 사람, 바보에 살인자까지 부처님 가르침의 경계는 없었습니다.

차별 없이 평등했기에 지금도 부처님 가르침은 수많은 사람들의 평생 근본 지침이 되고 있습니다.

040

불법佛法이 어디 있느냐?

우리가 일상생활 하는 곳, 걸어가는 곳,

서 있는 곳, 앉는 곳, 누운 곳,

차를 마시고 밥을 먹는 곳,

대화를 나누는 곳,

바로 거기에 있다.

—『보조국사어록』

중국 당나라 시대에 조주 스님이 계셨습니다. 어느 날 스님들이 찾아와 물었습니다.

"불법(佛法)의 큰 의미는 무엇입니까? 달마가 서쪽에서 오신 뜻이 무엇입니까?"

조주 스님이 답했습니다.

"차나 한잔 들고 가시게[喫茶去]."

'끽다거(喫茶去)'. 얼핏 엉뚱한 소리처럼 들리는 이 말씀에 깊은 가르침이 담겨 있습니다.

깨달음은 저 멀리 있는 것이 아니라 차를 마시는 일처럼 평범한 일상 속에 있다는 것입니다. 깨달음은 바로 '지금' 당신이 서 있는 '여기'에 있습니다.

041

참회란 무엇인가?

참懺이란 지나간 허물을 뉘우침이다.

전에 지은 악업인 어리석고 교만하고 허황하고

시기 질투한 죄를 다 뉘우쳐

다시는 더 일어나지 않도록 하는 것이다.

회悔란 다음에 오기 쉬운 허물을 조심하여

그 죄를 미리 깨닫고 아주 끊어

다시는 짓지 않겠다는 결심이다.

― 『육조단경』

어떤 잘못을 했을 경우 대부분의 사람들은 참회를
하게 됩니다. 그런데 여기서 사람들이 착각을 합니다. 어
떤 일에 대해 반성하는 것만을 참회라고 생각하는 것입
니다.

참회는 지난 일에 대한 반성과 함께 앞으로는 똑같
은 일을 반복하지 않겠다는 다짐이 들어가 있는 것입니
다. 그래야 제대로 된 참회가 됩니다. 누구나 실수를 할
수 있기 때문에 참회는 부끄러운 일이 아닙니다.

참회가 없는 삶은 자기완성의 노력 없는 삶이고 자기
자신을 포기한 자아 상실의 비참한 결과를 가져올 것입
니다. 참회는 창피함이 아닌, 도약을 위한 새로운 기회
가 만들어지는 시간과 공간입니다.

042

솜씨 있는 목수는 나뭇결을 알아보고

지혜 있는 사람은 스스로 제 몸을 닦는다.

— 『앙굴마경』

모든 가공물은 원재료가 좋아야 합니다. 좋지 않은 원재료가 훌륭한 제품이 될 리 만무합니다. 유명한 셰프들이 출연하는 프로그램을 보면 항상 최상의 재료를 가지고 요리를 합니다. 그렇기 때문에 더 사람들의 찬사를 받습니다. 대목수들도 마찬가지입니다. 제대로 된 나무를 고르는 것이 바로 안목입니다.

우리도 수행하기 위한 준비를 잘 해야 합니다. 그래야 좋은 재료가 됩니다. 시비분별하는 마음부터 없애고 번뇌와 망상을 제거해야 합니다. 처음에는 좀 어려워도 차근차근 하다보면 보다 자연스럽게 정진할 수 있습니다. 그렇게 준비를 하고 수행을 하면 지혜와 자비를 갖춘 사람이 될 것입니다.

043

보살은 백천 겁 동안 욕을 먹어도

성내지 않으며 칭찬을 들어도 기뻐하지 않는다.

사람의 말이란 소리의 생명에 지나지 않아

꿈같고 산울림 같음을 알아야 한다.

— 「대지도론」

대승불교에서 이상적인 인간상이 바로 보살(菩薩)입니다. '보디사트바(Bodhisattva)'의 음사인 보리살타(菩提薩埵)의 준말입니다. 우리가 아는 문수보살, 보현보살, 지장보살, 미륵보살 등이 모두 보살입니다.

누구든지 성불하겠다는 서원을 일으켜서 정진의 길로 나아가면 그 사람이 바로 보살이며, 장차 성불할 수 있다는 '범부보살사상(凡夫菩薩思想)'이 여기서 일어나게 되었습니다.

보살은 시비에 끄달리지 않습니다. 누가 무슨 말을 하든 개의치 않고 묵묵히 수행의 한 길을 걷습니다. 수행해 깨달음을 얻으면 중생을 구제하겠다는 마음을 냅니다. 보살은 이렇게 상구보리(上求菩提) 하화중생(下化衆生)을 실천합니다.

044

보살이 정념으로 세상을 관찰하면

모든 것이 업연으로부터 나왔음을 알 것이며,

모든 사물을 관찰한다면 모두가 인연으로부터

생겼음을 알 것이다.

— 「화엄경」

보살의 경지가 아니어도 모든 것은 인연으로 존재한다는 것을 알아야 합니다. 인연 없는 것은 없습니다. 주변의 아무리 작은 미물이어도 모두가 다 인연으로 맺어져 있습니다.

'나비효과(butterfly effect)'라는 것이 있습니다. 나비의 작은 날갯짓이 폭풍우와 같은 커다란 변화를 유발할 수 있다는 것입니다. 브라질에서 나비의 날갯짓이 텍사스에서 토네이도를 일으킨다든지, 중국 북경에서 나비의 날갯짓이 뉴욕에서 폭풍을 일으킨다는 등 다양한 표현으로 회자되곤 합니다.

부처님의 연기법(緣起法)은 이미 세상에서 확인된 진리입니다. 삶 속에서 실현되고 있는 법(法)입니다. 인연의 진리, 업연의 진리 속에서 우리는 이미 살고 있습니다.

045

망심을 일으키지 않는 것이 계戒고

망심을 없애는 것이 정定이며

마음에 망령됨이 없는 것을 확실하게

깨닫는 것이 혜慧다.

― 『육조단경』

계정혜 삼학(三學)은 수행의 기본이자 완성입니다. 어느 것 하나라도 빠지면 완성된 수행은 있을 수 없습니다.

계는 수행의 기본 조건입니다. 계를 지키지 않는 수행은 의미가 없습니다. 계와 정은 무시하고 혜만 완성하면 된다는 생각은 애초에 틀렸습니다. 계율만 잘 지켜도 수행의 반은 완성된 것이라 할 수 있습니다. 계가 자리 잡으면 정으로 가야 합니다. 선정을 통해 번뇌와 망상을 없애야 합니다. 참선이나 간경, 절 등이 정의 과정입니다. 정이 무르익으면 혜로 이어집니다. 확실하게 깨닫는 것이 바로 혜입니다. 확철대오(廓撤大悟)의 경지라고 할 수 있습니다. 수행이 바로 계정혜 삼학이고 계정혜 삼학이 바로 수행입니다.

046

'나'를 완성시키는 데는

3대 조건이 구비되어야 하는데

그것은 도량道場·도사道師·도반道伴이다.

수행하고 기도하는 불자들에게 필요한 것이 바로 도량(道場)·도사(道師)·도반(道伴)의 삼도(三道)입니다. 수행의 필수요소라고 할 수 있습니다.

도량이란 불법을 만날 수 있는 서울 조계사나 해남 대흥사, 강진 백련사와 같은 사찰을 말합니다. 전국 어디를 가도 도량이 있습니다. 부처님 법을 만나기 너무 좋은 환경입니다.

도사는 도를 가르칠 수 있는 스승입니다. 스승을 만나지 못하면 수십 년 수행을 해도 소용이 없습니다. 점검 없이 공부할수록 잘못된 길로 계속 갈 수 있는 가능성이 높습니다.

그리고 도반입니다. 공부를 함께 할 수 있는 도반이 있다는 것은 무엇과도 바꿀 수 없는 큰 복입니다. 서로를 탁마해 주는 도반은 공부의 반 이상 역할을 합니다.

주변에 도량·도사·도반이 있다면 아주 성공한 삶입니다.

047

산승이 견처에 이르러 보니

부처와 다를 것이 없다.

눈으로는 보고 귀로는 들으며

코로는 향기 맡고 입으로는 담론하며

손으로는 무엇을 집고

발로는 걸어 다니니 말이다.

내 눈으로 보니

너희들 부처와 다를 것이 없구나.

— 임제의현

역대 모든 선지식들은 깨달은 뒤 이와 같이 말씀하셨습니다. 깨닫고 보니 다를 것이 하나도 없다는 것입니다. 임제 스님의 "부처와 다를 것이 없다"는 말씀이 바로 그 지점입니다.

부처님도 마찬가지입니다. 깨닫고 보니 모든 중생이 이미 불성을 갖추고 있었다는 것입니다. 다만 번뇌 망상 때문에 그것을 제대로 보지 못하고 있다는 말씀입니다.

성철 스님도 말씀하셨습니다.

"자기를 바로 봅시다. 부처님은 이 세상을 구원하러 오신 것이 아니요, 이 세상이 본래 구원되어 있음을 가르쳐 주려고 오셨습니다. 이렇듯 크나큰 진리 속에서 살고 있는 우리는 참으로 행복합니다."

부처와 중생은 둘이 아닙니다. 이름만 다를 뿐입니다. 우리 모두가 부처님입니다.

048

도道란 대해大海와 같아서

들어갈수록 더욱 깊으니

조금 얻는 것으로 만족하지 말라.

— 『선가귀감』

불법(佛法)의 바다는 끝을 알 수 없습니다. 부처님 가르침의 한계를 헤아리기 어렵습니다. 그런데 단순하게 보면 간단하기도 합니다. 중도(中道)와 연기(緣起), 무아(無我)와 공(空)을 부처님 가르침의 핵심으로 보면 의외로 간단할 수 있습니다.

도(道)로 들어가는 길목에서 많은 사람들이 착각을 합니다. 약간의 맛을 보고 도(道)를 알았다고 자랑합니다. 살짝 발을 담근 정도도 안 되면서 온몸을 적셨다고 떠벌립니다. 그렇게 이야기하는 순간 부처님 법은 멀리 달아나고 맙니다.

완전한 깨달음을 이루지 않고서는 함부로 말을 해서는 안 될 일입니다. 안주하지 않는 정신, 끝을 보겠다는 꾸준함이 수행의 세계에서는 필요합니다.

049

태어남이란 한 조각 바람이 일어나는 것이요,

죽음이란 못에 비친 달그림자일 뿐이다.

죽고 살고 가고 옴에 막힘이 없어야 한다.

— 나옹 스님

고려 시대 대표적 선사인 나옹 스님은 도(道)를 이루고
뚜렷한 족적을 남겼습니다. 서산 대사도 그랬습니다.

생야일편부운기　　生也一片浮雲起

사야일편부운멸　　死也一片浮雲滅

부운자체본무실　　浮雲自體本無實

생사거래역여연　　生死去來亦如然

태어난다는 것은 한 조각 뜬구름 일어남이며

죽는다는 것은 한 조각 뜬구름 사라짐이네

뜬구름 자체는 본래 실체가 없으니

생사의 오고감 또한 이와 같도다.

불교와 인연이 깊었던 노무현 대통령도 생의 마지막
에 "삶과 죽음이 모두 자연의 한 조각이 아니겠습니까."
라고 물었습니다. 인간의 생멸은 모두 자연입니다. 태어
남이 있으면 죽음도 있습니다.

050

수행자는 자기를 등불로 삼고[自燈明]

의지처로 삼아야 한다.

법을 등불로 삼고[法燈明] 의지처로 삼아야 한다.

또 계율을 스승으로 삼으라[以戒爲師].

— 『열반경』

부처님께서 열반에 드실 때 제자들에게 말씀하셨습니다. 이 대목에서는 특히 계율(戒律)에 주목하고 싶습니다.

"부처님 법과 스스로를 믿고 정진하라. 또 내가 없더라도 계(戒)를 스승으로 삼아 잘 지키면 내가 살아있는 것과 같으니, 부디부디 슬퍼하지 말고 열심히 공부하라."

계(戒)는 물을 담는 그릇과 같다고 합니다. 그릇이 깨어지면 물을 담을 수 없고, 그릇이 더러우면 물이 깨끗하지 못합니다.

신라 자장 율사는 "나는 차라리 하루 동안이라도 계를 지키다 죽을지언정, 계를 파하고서 백 년 동안 살기를 원치 않노라."고 말씀하셨습니다. 수행하는 출재가가 평생의 지침으로 삼아야 할 말씀입니다.

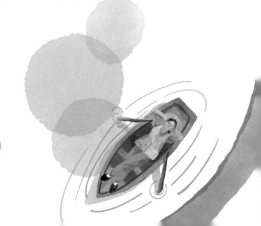

051

어리석은 사람은 한평생 다하도록

어진 사람을 가까이 섬기어도 참다운 진리를

알지 못한다.

국자가 국 맛을 모르듯이.

— 『법구경』

쇠로 된 국자는 국 맛을 모릅니다. 나무로 된 국자도 마찬가지입니다. 어리석은 사람은 바로 옆에 선지식을 두고도 그 존재를 알지 못합니다. 선지식을 제대로 알지 못하니 참다운 진리에 접근하는 것도 당연히 불가능합니다.

『능엄경』에도 비슷한 말씀이 있습니다.

"박학하더라도 수행하지 않으면 무식한 것과 같으니 먹는 이야기를 아무리 해도 배부르지 못한 것과 같다."

수행은 직접 해봐야 합니다. 그래야 그 '한 맛'을 알 수 있습니다. 맛을 보면 좀 더 먹게 되고 포만감도 느낄 수 있게 됩니다. 결국 자유자재로 요리를 하는 수준에 이릅니다. 입과 머리가 아닌, 몸과 마음으로 하는 수행이 진짜입니다.

052

온갖 괴로움의 원인을 살펴보건대

탐욕이 근본이 된다.

따라서 탐욕을 없앤다면

괴로움이 의지할 바가 없어진다.

— 『법화경』

삼독심(三毒心)의 맨 앞에 서는 것이 탐심(貪心)입니다. 탐욕에서 분노와 어리석음이 나옵니다. 그래서 수행자들은 탐욕심을 제일 먼저 경계했습니다.

욕심을 부리면 당연히 괴로움이 함께 옵니다. 괴로움은 온갖 번뇌와 망상을 일으킵니다. 좋은 일도 연기법에 따라 생기지만 나쁜 일도 마찬가지입니다.

탐욕심을 없애야 합니다. 그래야 괴로움도 없습니다. 작은 것에 만족할 줄 알고 작은 것에서 오는 소소한 행복도 느낄 줄 알아야 합니다.

작은 행복이 모여 큰 행복이 됩니다. 가족, 친구와의 작은 행복은 우리 사회의 큰 행복으로 다가옵니다. 첫번째 시작은 탐욕을 줄이는 것에서 출발합니다.

053

보리심菩提心을 일으키고 나서 다섯 가지 할 일

첫째, 좋은 벗을 가까이함이요

둘째, 성내는 마음을 끊을 것이요

셋째, 스승의 가르침을 따를 것이요

넷째, 연민의 정을 일으킬 것이요

다섯째, 부지런히 정진할 것이요.

— 『우바새계경』

깨달음으로 가기 위한 마음을 보리심이라 합니다. 깨
달음이라는 열매를 맺기 위한 씨앗이 바로 보리심입니
다. 좋은 씨앗이 잘 자라면 튼튼한 줄기와 나무가 되고
결국 달콤한 과일이 됩니다.

부처님의 제자가 되어 위로는 깨달음을 얻고 아래로
는 다른 중생들을 제도하겠다는 마음이라고 할 수 있
습니다. 보리심을 일으키면 누구나 보살입니다. 보살은
끊임없이 정진하고 또 정진합니다. 그래서 도반을 얻고
마음을 정리한 뒤 스승의 가르침에 따라 부지런히 정진
하는 것입니다.

시작이 반이라고 했습니다. 보리심을 일으키는 순간
이미 부처님입니다. 깨달음을 향한 흔들리지 않는 보리
심이 가장 든든한 도반이자 스승입니다. 보리심이 없는
수행은 빈 껍데기일 뿐입니다.

054

군자는 자기의 무능함을 걱정할 뿐이지

남이 자기를 몰라줌을 걱정하지 않는다.

— 『논어』

　모든 문제는 나로부터 시작됩니다. 나에게 문제가 있기 때문에 남과 문제가 생기고 우리의 문제가 생깁니다. 그래서 어떤 일이 생기면 가장 먼저 '자신'을 돌아봐야 합니다.

　옛 선사들의 말씀 중 '최잔고목(催殘枯木)'이라는 표현이 가끔 등장합니다. 최잔고목은 말 그대로 나무꾼도 거들떠보지 않는 쓸모없는 나무입니다. 선사들께서 말씀하신 최잔고목이란 아무도 알아주지 않는 쓸모없는 사람을 지칭하는 말입니다. 수행자란 누가 알아준다고 공부하고, 알아주지 않는다고 공부하지 않는 그런 못난 사람이 아닙니다. 그저 말없이 이 공부가 아니면 아무것도 할 것이 없다는 마음자세로 아무도 거들떠보지 않는 최잔고목과 같이 되어야 참으로 공부를 지어갈 수 있는 것입니다.

055

경전에 말씀하시길 보시를 행하면

첫째, 명이 길어지고

둘째, 몸이 건강해지며

셋째, 힘이 세지고

넷째, 마음이 편안해지며

다섯째, 변재辯才를 얻을 것이다.

부처님께서는 『앙굿따라니까야』에서 보시하는 자와 받는 자에 대해 말씀하셨습니다.

"비구들이여, 세상에 보시하는 자에게 세 가지 고리가 있고, 보시받는 자에게 세 가지 고리가 있다. 비구들이여, 보시하는 자의 세 가지 고리란 무엇인가. 비구들이여, 세상에 보시하는 자는 보시에 앞서 기분이 좋고, 보시할 때는 마음이 기쁘고, 보시한 뒤에는 만족한다. 이것이 보시하는 자의 세 가지 고리이다. 비구들이여, 그럼 보시받는 자의 세 가지 고리란 무엇인가. 보시받는 자는 탐욕을 여의거나 탐욕을 제거하고, 성냄을 여의거나 성냄을 제거하고, 어리석음을 여의거나 어리석음을 제거한다. 이것이 보시받는 자의 세 가지 고리이다."

부처님 말씀과 같이 보시는 그 자체로 큰 공덕을 쌓는 일이자 수행입니다.

056

남의 허물은 마땅히 용서할 것이되

자기의 허물은 용서치 못할 것이요,

나의 곤욕은 마땅히 참을 것이되

남의 곤욕은 참지 못할지니라.

— 『채근담』

부처님과 조사스님들은 한결같이 '남의 허물을 보지
말라'고 가르치고 있습니다. 수행에 장애가 될 뿐만 아
니라 마음의 청정을 유지할 수 없기 때문입니다.

남의 허물은 용서할 수 있어야 하지만 자기의 허물은
쉽게 용서해서는 안 됩니다. '내로남불'이 될 수 있기 때
문입니다. 또 나의 곤란함은 참을 수 있어야 하지만 남
의 곤욕은 참지 말아야 합니다. 남을 위한 삶이 바로 대
승 보살의 삶입니다.

『법구경』에서도 "남의 허물을 보지 말라. 타인의 행위
나 혹은 옳지 못한 일을 보지 말라. 다만 자기의 한 일
과 할 일을 보라"고 말씀하시는 이유가 있습니다.

057

스승은 다섯 가지 일로써 제자를 가르쳐야 한다.

첫째, 바르게 지도하고

둘째, 새로운 것을 가르치고

셋째, 묻는 것을 잘 대답하고

넷째, 착한 친구를 사귀게 하고

다섯째, 아낌없이 전해주는 것이다.

— 『잡아함경』

"선지식(善知識)은 곧 자애로운 어머니이니 부처님의 집에 태어나기 때문이요, 선지식은 곧 자애로운 아버지이니 한량없는 중생들을 이익되게 하기 때문이네"라는 말씀처럼 선지식은 큰스승이고 좋은 길로 인도하는 안내자입니다. 인생에서 선지식이라고 부를 수 있는 스승을 만나는 것은 지극히 어려운 일입니다.

그럼에도 스승을 만날 수 있다면 더할 나위 없는 복이 될 것입니다. 스승을 모시고 제대로 된 공부를 하며 막히는 의문점들을 타파할 수 있다면 무한향상의 계기가 됩니다.

부처님께서 수많은 제자들을 지도했던 순간순간을 떠올려보면 스승의 중요성은 아무리 강조해도 지나치지 않습니다.

058

불보살에게도 병이 있나니

중생의 질병은 번뇌에서 오고

보살의 질병은 대비大悲에서 온다.

— 『유마경』

유마 거사는 "중생이 아프니 나도 아프다."라고 했습니다. 왜냐하면 중생의 병은 번뇌에서 오고 보살의 질병은 대비에서 오기 때문입니다. 중생이 아파 신음하고 있는데 보살이 아프지 않을 수 없습니다.

요즘 같은 코로나19 역병의 시대에는 유마 거사의 이 말씀이 더 가슴에 와 닿습니다. 이 말씀만 곱씹어봐도 역병의 원인과 해결책을 찾을 수 있을 것입니다.

유마 거사는 부처님의 현신이었다고 생각됩니다. 『유마경』에서 유마 거사가 강조하고 있는 것이 바로 불이(不二)입니다. 너와 내가 둘이 아니고, 남과 여가 둘이 아니고, 남과 북이 둘이 아니라는 것을 설하고 계십니다.

중생의 병을 생각하는 유마 거사의 마음이 바로 부처님의 마음입니다.

059

아침에 도道를 들으면 저녁에 죽어도 좋다.

— 공자

도(道)는 종교를 뛰어넘습니다. 시대와 인종도 구별하지 않습니다. 차별하지도 않습니다. 궁극적인 도(道)는 모든 종교를 회통합니다.

유교의 아버지라 불리는 공자도 도(道)를 구했습니다. 대학자이자 대종교가인 공자도 잠깐이라도 도를 들으면 여한이 없겠다는 뜻을 밝힌 것입니다.

도는 처음도 끝도 없습니다. 도는 우주에 충만합니다. 불성이 우주에 가득한 것과 같습니다.

그렇기 때문에 우리는 도를 추구하고 깨달음을 얻기 위해 노력합니다. 도를 말하고 들으면 부처님이고 불성을 깨달아도 공자입니다. 부처님과 공자는 둘이 아닙니다.

060

마음이란 두 개의 방이 있는 집과 같다.

한쪽 방에는 괴로움이,
한쪽 방에는 즐거움이 살고 있다.

따라서 사람은 너무 큰 소리로 웃어서는 안 된다.
옆 방의 괴로움이 잠을 깨게 된다.

— 카프카

현대문학의 거장 카프카도 항상 실존의 문제가 화두였고, 끊임없이 글을 쓰면서 그 궁극적 물음을 해결하고자 했습니다. 그의 많은 작품에는 인간 존재와 소외, 허무에 대한 내용들이 계속해서 등장합니다.

카프카도 상당히 공부를 많이 한 수행자였다고 보여집니다. 고(苦)와 락(樂)이 상존한다는 것을 알고 있었으니까 말입니다. 가만히 들여다보면 우리 마음속에 항상 고락(苦樂)이 같이 있음을 알게 됩니다.

부처님께서는 중도(中道)를 말씀하셨습니다. 고와 락을 초월한 것이 중도입니다. 고에도 집착하지 않고 락에도 집착하지 않고 심지어 그 중간의 어떤 감정에서도 벗어나는 것이 중도입니다. 다만 카프카는 부처님의 중도에 대해서는 확실히 알지 못한 것 같아 섭섭하기도 합니다.

061

보살에는 다섯 가지 착한 행위가 있다.

첫째, 항상 바른 도를 세움이요

둘째, 남의 장단점을 찾지 않음이요

셋째, 자신의 행위를 스스로 반성함이요

넷째, 항상 진리를 즐김이요

다섯째, 자신을 생각하지 않고 남을 구함이다.

— 「미륵본원경」

우리가 절에 가면 여자 신도들을 보통 '보살'이라고 부릅니다. 지금은 여성 신도가 보살로 통칭되기는 하지만 엄연하게 따지면 보살은 생각보다 더 심오한 뜻이 담긴 언어입니다.

보살은 깨달음을 얻기 위해 부단히 정진하는 모든 사람들을 말합니다. 여성 신도들 역시 깨달음을 위해 수행하는 분들이기 때문에 명칭이 틀린 것은 아닙니다. 남녀를 구분하지 않고 대중들이 더 열심히 정진하기를 바랍니다.

보살은 항상 도(道)를 구하기 위해 노력하고 남의 허물보다는 내 허물을 먼저 보려 하고, 남을 위해 기꺼이 희생할 수 있습니다. 그 기본 바탕은 역시 법(法)과 진리(眞理)를 위한다는 마음이 있습니다. 그렇기에 보살은 위대한 수행자입니다.

062

이것이 있기에 저것이 있고

이것이 생기기에 저것이 생긴다.

이것이 없기에 저것이 없고

이것이 멸하기에 저것이 멸한다.

─『잡아함경』

부처님 핵심 가르침 중 하나인 연기법(緣起法)에 대한 말씀입니다. 연기에 관한 말씀이 나올 때마다 생각나는 분이 있습니다.

얼마 전 열반에 드신 현대 한국불교의 어른 월주 스님께서는 항상 '천지여아동근 만물여아일체(天地與我同根 萬物與我一體)'를 강조하셨습니다. '천지가 나와 더불어 한 뿌리요, 모든 존재가 나와 더불어 한 몸이라'는 뜻입니다.

여기에 바로 연기법의 핵심이 다 들어 있습니다. 모든 존재가 나와 한 몸임을 아는 것이 바로 연기법입니다. 그렇기 때문에 모든 인연에 감사하게 되고 모든 인연을 소중하게 대하게 됩니다.

가장 간단하면서도 심오한 진리인 연기법은 항상 우리 삶에 스며들어 있습니다.

출가인에게는 네 가지 병이 있어
도에 이르지 못한다.

첫째, 의복에 대한 욕망
둘째, 음식에 대한 욕망
셋째, 침구에 대한 욕망
넷째, 세속에 대한 욕망

분소의는 비구의 옷에 대한 악욕을 고치고
걸식은 비구의 음식에 대한 악욕을 고치고
수하는 비구의 침구에 대한 악욕을 고치고
신심적정은 능히 세속에 대한 악욕을 고친다.

— 『열반경』

싯다르타 태자가 출가를 단행하신 뒤 가지고 있던 보물들을 마부 찬타카에게 주시며 당신은 사냥꾼이 입고 있던 옷과 바꿔 입었습니다. 그리고 본격적으로 수행을 시작한 뒤로는 분소의(糞掃衣)를 걸쳤습니다. 분소의는 온갖 오물이 묻은 헝겊을 주워 만든 옷입니다. 마음이 이미 출가상태였기에 몸의 출가를 위한 '변신'은 전혀 어색하지 않았습니다.

싯다르타 태자가 분소의로 옷을 갈아입는 그 순간이 바로 출가수행자들이 깊이 생각하고 마음속에 다시 새겨야 할 태도라고 생각합니다. 분소의를 입고 탁발을 해서 밥을 먹으며, 나무 아래에서 잠을 자면서 수행하는 것이 수행자의 자세입니다. 시대가 달라졌지만 우리 수행자들에게도 너무도 중요한 말씀과 행동입니다.

064

불자로서 버려야 할 열 가지 마음

첫째, 탐욕과 애갈심

둘째, 성내는 마음

셋째, 인과를 무시하고 성인을 의심하는 어리석은 마음

넷째, 다른 사람을 미워하는 마음

다섯째, 원망하고 분히 여기는 마음

여섯째, 슬픈 마음

일곱째, 불평불만

여덟째, 아만심

아홉째, 인색한 마음

열째, 우울한 어두운 마음

꼭 불자가 아니어도 버려야 할 마음들입니다. 이것을 십사(十捨)라고 합니다. 불자로서, 수행자로서 살아가는 삶이 최고의 행복이겠지만 일반인으로 살아도 굳이 이 와 같은 번뇌에 끄달릴 필요가 없습니다.

탐진치 삼독심에서 벗어나고 남을 미워하는 마음 등 여기서 적시한 것들은 계속해서 버리고 버려야 합니다. 비우고 비울 때 환희와 행복의 마음들이 우리 마음속 깊은 곳으로 들어올 수 있습니다.

근심 걱정이 많을수록 미소가 필요합니다. 맑고 밝 은 얼굴이면 삿된 마음들이 들어설 자리가 없어집니다. "하하하" 크게 웃는 만큼 큰 행복이 찾아올 것입니다.

065

무엇이 제일 잘 드는 칼이며

무엇이 제일 무서운 독약이며

무엇이 제일 무서운 불이며

무엇이 제일 어두운 것인가?

사람과 사람 사이를 성글게 하는

야박한 말이 제일 잘 드는 칼이고

예의와 염치를 불고하는 탐욕貪慾이

제일 무서운 독약이고

좌우를 돌아볼 줄 모르는 진심瞋心이

제일 무서운 불이고

지혜 없는 것이 제일 어두운 것이다.

— 『천청문경』

수행법 중 사섭법(四攝法)이 있습니다. 사섭법 역시 깨달음을 얻기 위한 방법으로 보시(布施) · 애어(愛語) · 이행(利行) · 동사(同事)를 말합니다.

이 중에서 말과 관련한 것이 바로 애어(愛語), 따뜻한 말입니다. 사람들을 만나 따뜻한 말로 대화를 시작할 때와 차가운 말로 시작할 때는 천지 차이입니다. 따뜻한 말은 사람들의 마음의 문을 열어줍니다. 차가운 말은 마음의 문을 잠가 버립니다.

탐진치는 역시 독과 불과 어둠입니다. 사람들의 마음을 갉아먹는 것입니다. 탐진치를 극복하고 따뜻한 말로 세상을 대할 때, 세상 역시 두 팔 벌려 우리를 반겨줄 것입니다.

066

멀리서 온 사람에게 보시할 것
멀리 떠나는 사람에게 보시할 것
굶주린 사람에게 음식을 보시할 것
법을 아는 사람에게 보시할 것
병든 사람에게 보시할 것

이 다섯 가지 보시를 하는 자는
무량복덕을 얻는다.

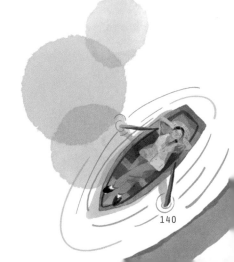

멀리 떠나거나 멀리서 오는 사람에게 베푸는 것이 큰 공덕입니다. 보시가 필요한 사람의 처지가 바로 길을 나설 때이기 때문입니다. 굶주린 사람에게 음식을 보시하는 것도 마찬가지입니다. 배고픈 사람에게 음식을 주는 것이 최고의 선(善)입니다. 병든 사람에게 보시하는 것 역시 다르지 않습니다. 아픈 사람들에게 눈물 한 방울이라도 보태주지 않는 사람은 수행자가 아닙니다.

부처님 법 역시 아는 사람에게 먼저 나눠야 합니다. 부처님 법을 앞에 두고도 알아보지 못하는 사람에게 처음부터 법을 전하는 것이 쉬운 일은 아닙니다. 물론 법을 모르는 사람에게 법을 전하는 일을 게을리해서는 안 됩니다. 보시는 또 다른 보시를 낳습니다. 받은 은혜는 다른 인연에게 전해지기 마련입니다.

067

크게 기뻐하라.

크게 기뻐하는 것이 불법佛法이다.

대 선지식 전강 스님은 "가장 쉬운 것이 불법(佛法)이다."라고 하셨습니다. "세상의 모든 일은 자기 마음 바깥 것을 찾는 데 애를 쓰지만 불법은 가장 가까운 자기 마음을 곧바로 보는 데 있기 때문"이라고 하셨습니다.

"모든 상에 집착하지 말고 자기 마음을 바로 보면 곧 한 구절의 언하(言下)에 크게 깨치는 것"이라고 강조하기도 했습니다.

전강 스님의 말씀처럼 가장 쉬우면서도 크게 기뻐할 수 있는 것이 바로 불법입니다. 불법은 멀리 있지 않습니다. 내 안에, 우리 안에 있습니다. 그러니 운문 선사가 말한 대로 '일일시호일(日日是好日)' 날마다 좋은 날입니다.

삶은 사랑이다.

살아있는 것은 사랑하고 있다는 것이다.

— 피히테

자기 수행은 본인에 대한 사랑에서 시작됩니다. 부처님의 '천상천하 유아독존(天上天下 唯我獨尊)' 말씀 역시 자기 사랑, 자기 확신을 강조하신 것입니다.

그런데 여기서의 자기 사랑은 '나'만을 위한 것이 아닙니다. '나' '너' '우리'를 위한 사랑입니다.

피히테의 말처럼 삶은 사랑입니다. 살아있는 것은 나와 우리를 사랑하고 있다는 것입니다. 위대한 사랑이 공동체의 사랑으로 이어진다면 그곳이 바로 불국토입니다. 미워하고 질투하는 예토(穢土)가 아닌 서로 사랑하고 아끼는 정토(淨土)의 세상은 우리의 마음속에 이미 자리하고 있습니다. 잠깐 멈추어 내 마음속 정토를 쓰다듬어 봅니다.

069

백인의 차별보다 더 무서운 것은

흑인 스스로가 백인보다 못하다는

열등감을 갖는 일이다.

— 킹 목사

우리는 누구나 불성을 가진 존재입니다. 불성에는 차별이 없습니다. 당연히 흑백의 차별도 없습니다. 오랫동안 누적된 흑백 차별은 스스로를 얽어매 자존감을 떨어뜨리는 결과로 이어졌습니다.

부처님 제자 중 주리반특가가 있습니다. 영특한 형에 비해 주리반특가는 '바보'였습니다. 수행이 잘 되지 않자 부처님은 '티끌을 털고 때를 닦아낸다'는 말을 외우며 비구스님들의 신발을 청소하도록 했고 마침내 주리반특가도 아라한과를 얻었습니다.

아무리 부족하고 아둔해도 불성은 반짝반짝 빛이 나게 되어 있습니다. '나는 어차피 안 된다'며 상심할 것이 아니라 더디더라도 언젠가 드러날 불성을 기다리고 정진하면 됩니다.

070

하루 연습 안 하면, 자신

이틀 연습 안 하면, 비평가

사흘 연습 안 하면, 청중이 안다.

'연습을 실전처럼, 실전을 연습처럼'이라는 말이 있습니다. 1분 1초를 허투루 쓰지 말아야 한다는 말입니다.

무엇이든 훈련과 연습을 게을리하면 금방 티가 납니다. 실전에서 실수가 나올 수밖에 없습니다. 그러니 스스로를 속일 수 없고, 비평가를 속일 수 없고, 청중은 더더욱 속일 수 없습니다.

수행도 마찬가지입니다. 수행에 쉼이란 있을 수 없습니다. 안거가 끝나고 떠나는 만행은 쉼이 아닙니다. 3개월 동안의 공부를 점검하고 더 박차를 가하기 위한 시간입니다.

최근 어떤 젊은 스님이 '연공최귀(連功最貴)'를 주창한다 들었습니다. '하루도 빠지지 않고 수행하는 연공정진이 이 세상에서 가장 귀하다'는 뜻이라는 데 전적으로 동의합니다. 일도 수행도 지속적으로 하는 것이 중요합니다.

071

자慈 : 중생에게 즐거움을 주는 것

비悲 : 괴로움을 제거하는 것

불교는 지혜와 자비의 종교입니다. 부처님의 지혜를 바탕으로 하는 자비가 사랑과 다른 점은 어떤 경우에도 중생을 버릴 수 없는 것입니다. 중생은 구제하고 함께 가야 하는 대상이지 버릴 수 있는 존재가 아닙니다.

자비에는 증오가 수반되지 않습니다. 사랑은 그것이 아무리 크다 해도 이를 끝내 거역 배반했을 때는 영원한 죽음이라는 벌을 받게 됩니다. 그것은 심판이라는 조건이 붙은 사랑이며 그것은 조물주를 전제하는 이상 불가피한 일일 것입니다.

불교에서는 세계를 대하는 태도로써 지혜를 기본으로 하는 자비의 정신을 강조하여 인간뿐만 아니라 살아 있는 모든 유정 무정에게 무차별적인 자비를 베푸는 것을 가르치고 있습니다. 자비야말로 참사랑입니다.

072

자연은 인간을 선량하고 자유롭게

또 행복하게 만들었지만,

인간은 제 손으로

인간 자신을 악하게 부자유스럽게

또 불량하게 만들었다.

― 루소

사람들은 가끔 숨을 쉬는 것이 너무 자연스러워서 공기의 소중함을 잊고 삽니다. 물과 바람의 기운을 놓치기도 합니다.

자연은 인간에게, 아니 모든 생명에게 전부를 주었습니다. 자연이 베풀고 또 베풀었기에 인간은 자유롭고 행복한 삶을 누리고 있습니다.

그러나 갈수록 인간은 자연을 배신하고 있습니다. 자연을 거스르고 있습니다. 그 속에서 스스로의 인간성을 부정합니다. 나와 남을 구분합니다. 분쟁과 갈등이 끊이지 않습니다.

'자연스러움'은 순리를 말합니다. 법(法) 역시 물이 흐르는 것과 같은 자연스러움을 말합니다. 자연과 인간이, 인간과 인간이 상생해야 할 때입니다.

수행의

장

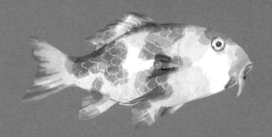

073

소욕은 최상의 쾌락, 만족은 최상의 부귀다.

— 『천청문경』

가지려 할수록 괴로움은 커집니다. 소유하는 만큼 고통도 비례합니다. 그래서 소욕은 최상의 쾌락입니다.

만족하지 못한 삶은 어디를 가도 만족하지 못합니다. 여기서도 불만족, 저기서도 불만족. 만족하지 못하니 관계도 원만하지 못합니다. 결국 스스로 존재가치를 떨어뜨리게 됩니다. 그래서 만족이 최상의 부귀입니다.

소욕지족(少欲知足)에 답이 있습니다. 법정 스님의 무소유는 갖지 말라고 한 것이 아닙니다. 필요한 만큼만 가지고 쓰자는 것입니다. 불필요하고 번거로운 것들은 내려놓아야 합니다. '소욕지족의 삶'에서 '텅 빈 충만'을 느낄 수 있습니다.

074

첫째, 입으로 설하고 몸으로 행하는 사람은

비가 오며 뇌성이 울리는 것 같으니 최상이요

둘째, 몸으로 행하되 입으로 설하지 않는 사람은

비는 오나 뇌성이 없으니 제2요

셋째, 입으로 설하되 몸으로 행하지 않는 사람은

뇌성은 들리나 비가 안 오는 것이니 제3이요

넷째, 입으로 설하지 않고 몸으로 행하지 않는 사람은

뇌성도 없고 비도 없으니 최하다.

— 『대보적경』

무엇이든 실천하는 삶이 중요합니다. 고민하고 생각하며 실천하는 삶이 아름답습니다. 행동하는 만큼 얻게되는 것이 이치입니다.

아무리 좋은 말이라도 실천하지 않으면 아무 의미가 없습니다. 부처님 말씀을 그렇게 외우고 또 외워도 직접 수행하지 않으면 설득력이 없는 것과 같습니다.

주변 사람들을 대할 때도 마찬가지입니다. 말로만 하면 사람들과 함께 할 수 없습니다. 말하고 먼저 움직여야 대중들이 동의합니다.

부처님을 비롯한 위대한 성인들은 말씀에 그치지 않았습니다. 직접 몸으로 보여주시면서 실천하셨습니다. 그렇기 때문에 많은 제자들이 생겼고 지금까지 가르침이 이어지고 있습니다.

075

교단을 번영케 하는 일곱 가지 방법

첫째, 서로 자주 모여 정의를 강론하라.

둘째, 상하가 하나로 화합하여

공경하고 뜻을 어기지 말라.

셋째, 법을 받들고 금할 것을 금하여

제도를 어기지 말라.

넷째, 스승을 받들어 섬겨라.

다섯째, 마음을 닦되 효도와 공경을 우선으로 하라.

여섯째, 계행을 닦아 욕심과 감정에 치우치지 말라.

일곱째, 남을 먼저 생각하고 자기를 뒤로 하며

명예와 이익을 탐내지 말라.

— 『장아함경』

왕사성 기사굴산에 1,250명의 제자들과 함께 계실 때, 부처님께서는 대중을 강당에 모이게 하고, 교단의 발전과 화합을 위해 일곱 가지 법을 말씀하셨습니다.

지금 보아도 우리 모두가 가슴에 새기고 새겨야 할 말씀입니다. 교단뿐만 아니라 크고 작은 공동체에도 똑같이 적용할 수 있는 말씀입니다.

주변의 교단(또는 공동체) 구성원들이 모여서 법과 정의를 논하고 있는지 아니면 이권을 탐하고 있는지 냉정하게 살펴야 합니다. 스승을 모시고 청정한 계행(戒行)으로 사는지도 따져볼 일입니다. 교단의 발전을 위해서는 여러 가지가 필요합니다. 다만 위 일곱 가지 당부 말씀만 잘 따라도 번영과 평화와 화합은 저절로 이루어질 것입니다.

076

부모에게 공양하라.

모든 성현과 부처님은 곧 집안에 계시느니라.

— 『잡보장경』

불교를 불효의 종교라고 비난하는 사람들이 아직도 있습니다. 부모님과 가족을 버리고 혼자 도망쳤다고 주장합니다. 더 큰 세계에서 더 큰 가족을 제도하기 위해 수행하는 사람들에게 어찌 불효라고 말할 수 있겠습니까?

2022년 어버이날이 마침 부처님오신날입니다. 부처님 마음이 부모님 마음이며, 부모님 마음이 부처님 마음입니다. 언제나 자식(중생)들을 위해 기도하시고 가르침을 주시는 것은 부처님과 부모님 모두 똑같습니다.

부모님을 부처님 모시듯 모셔야 합니다. 부처님을 부모님 모시듯 모셔야 합니다. 가까이 있는 분들을 잘 모실 때 밖에 있는 인연들과도 잘 어울리게 됩니다.

077

아름답거나 못생긴 것은 마음에 있는 것이며

외부에 일정한 것이 있는 것은 아니다.

— 『대지도론』

아름다운 인생은 얼굴에 남습니다. 아름다운 인생은 곧 마음입니다. 마음의 울퉁불퉁함, 마음의 출렁임은 그대로 얼굴에 드러납니다.

마음이 고우면 얼굴도 곱고, 마음이 아름다우면 얼굴도 아름답습니다. 당연히 마음이 못생겨지면 얼굴도 못생겨집니다. 마음을 잘 단속하면 몸이 편해집니다.

세월이 지날수록 마음의 중요성을 더 절실하게 느낍니다. 마음에 분별이 생기면 얼굴에 그대로 드러납니다. 분별하지 않고 시비하지 않는 마음은 본인뿐만 아니라 모든 인연들을 평화롭게 합니다.

평화는 내 마음의 평화에서 시작됩니다. 아름다움 역시 마음의 아름다움에서 출발합니다.

078

세상에 믿기 어려운 네 가지 일

첫째, 젊음은 반드시 늙는 일

둘째, 튼튼한 몸도 죽음을 면치 못하는 일

셋째, 서로 즐거움도 반드시 이별할 때가 있는 일

넷째, 재보를 쌓아도 반드시 흐트러지는 것을
면치 못하는 일

믿기 어렵지만 현실입니다. 태어나서 늙고 병들어 죽는 것은 자연의 이치입니다. 만나면 헤어지는 것도 그렇고 수많은 재산도 언젠가는 흐트러집니다.

부처님 가르침의 핵심인 무상(無常)과 무아(無我)를 생각해 봅니다. 모든 사물은 조건에 의해 생멸하다보니 아무것도 그대로 머물러 있을 수 없어 끊임없이 변할 수밖에 없다는 것이 바로 무상입니다. 무아는, 모든 존재는 오온(五蘊)을 조건으로 잠시 모여 이루어진 묶음에 불과하기 때문에 존재하는 실체가 될 수 없고, 변함없는 자성을 가질 수도 없어 공하다는 것입니다.

그래서 무상과 무아, 연기와 공은 모두 연결되어 있습니다. 그렇기 때문에 '나'를 비우면 더 큰 '나'를 만나는 것입니다.

079

진정한 벗이란

청을 기다림 없이 자진하여
그 벗이 되는 사람이니

어머니가 갓난아이 있는 곳에
달려가 지켜주는 것과 같다.

— 『유마경』

  부처님의 가장 뛰어난 제자인 목건련과 사리불은 절
친한 친구였습니다. 함께 수행을 하면서 도반으로서 서
로를 보며 서로를 위해 탁마했습니다. 부처님의 제자 앗
사지 비구를 보고 발심한 사리불은 친구인 목건련과 함
께 부처님 제자가 되어 아라한과를 얻었습니다.

  사리불과 목건련 존자 일화를 볼 때마다 진정한 친
구에 대해 생각합니다. 친구이자 도반이자 법형제로서
너무나 훌륭한 선지식들입니다.

  부처님께서도 두 제자를 보면서 너무나 흐뭇해하셨
을 것입니다. 벗은 따지지 않습니다. 벗은 분별하지 않
습니다. 먼저 손을 잡아주고 먼저 보듬어주는 것이 진정
한 벗입니다. 함께 진리를 구하는 길에 나선다면 더 말
할 것도 없을 것입니다.

080

벗 사이에는 세 가지 긴요한 일이 있다.

첫째, 과실을 보면 서로 깨우쳐 충고함이요.

둘째, 공덕되는 일을 보면 깊이 따라서 기뻐함이요.

셋째, 불행에 있을 때 서로 버리지 않음이다.

― 『인과경』

사리불과 목건련 사이가 아니어도 벗이 되기 위해, 벗을 위해 필요한 일들은 많습니다. 친구가 좋지 않은 길에 들어서면 바로 잡아주는 것은 친구의 몫입니다. 작은 이익을 위해 눈을 감아주고 못 본 척하면 더 큰 일이 생기기 마련입니다. 그때는 그 누구도 감당하지 못합니다.

또 좋은 일이 생기면 같이 기뻐해 주는 것도 당연합니다. 기쁨을 같이 하면 두 배가 됩니다. 아니 그 이상의 몇 배가 됩니다. 좋지 않은 일이 있을 때 서로를 지켜주는 것도 필요합니다. 슬픔은 나누면 반으로 줄어듭니다. 힘들 때 옆에 있어 주는 것만큼 든든한 일도 없습니다.

벗에게는 조건이 없습니다. 벗에게는 '무조건'이라는 말이 쓰일 필요도 있습니다.

081

자애로운 마음은 온갖 안락의 근원이다.

— 『우바새계경』

자애는 사랑입니다. 자애는 행복입니다. 자애는 평화입니다. 그래서 자애의 마음은 나와 남을 이롭게 합니다.

내가 안락하고 행복하고 평화롭기를 바라는 것처럼, 모든 존재들이 안락하고 행복하고 평화롭기를 바랍니다. 내가 악의에서 벗어나기를 바라는 것처럼, 모든 존재들이 악의에서 벗어나기를 바랍니다. 내가 정신적, 육체적 고통에서 벗어나기를 바라는 것처럼, 모든 존재들이 정신적, 육체적 고통에서 벗어나기를 바랍니다. 내가 평화롭고 행복하게 살기를 바라는 것처럼, 모든 존재들이 평화롭고 행복하게 살기를 바랍니다.

이와 같은 자애의 마음이 가득하기에 몸과 마음과 세상은 안락합니다.

173

082

지족제일부 知足第一富

무병제일리 無病第一利

선우제일친 善友第一親

열반제일락 涅槃第一樂

— 『팔대인각경』

일상의 소소한 행복이 제일입니다. 소소할지라도 자세히 들여다보면 결코 작지 않습니다. 만족할 줄 알면 그것이 제일의 부입니다. 상상할 수 없는 재산을 가졌다 해도 만족하지 못하면 가난한 자와 다르지 않습니다. 아프지 않는 것이 가장 큰 이익입니다. 병으로 인해 본인뿐만 아니라 주변의 사람들까지 고생하는 것을 많이 보셨을 것입니다.

좋은 벗이 제일의 보물입니다. 벗이 있는 것과 없는 것은 천지 차이입니다. 이와 같은 행복 중에서도 역시 열반이 제일입니다. 깨달음의 기쁨, 깨달음의 행복은 그 무엇과도 바꿀 수 없습니다. 작은 행복도 잘 챙기면서 좀 더 큰 행복에 도달할 수 있도록 마음을 잘 세울 때입니다.

보시의 방법

상上의 보시: 과보를 바라지 않는 것

중中의 보시: 내생에 결과를 바라는 것

하下의 보시: 금생에 결과를 바라는 것

보시에는 재시(財施)·법시(法施)·무외시(無畏施)의 세 가지가 있습니다.

재시(財施)는 물질적인 나눔, 베풂을 의미합니다. 돈이나 음식 등 물질적인 것을 필요한 사람에게 자신의 능력에 따라 베푸는 것을 말합니다. 법시(法施)는 정신적인 베풂이라고 할 수 있을 것입니다. 부처님의 법과 진리의 말씀을 다른 이에게 전해서 번뇌와 미혹으로부터 벗어나도록 도와주는 것을 말합니다. 무외시(無畏施)는 말 그대로 두려움을 없게 하는 것입니다. 사람들의 마음을 편하게 해 주는 것을 말합니다.

보시는 나누면 나눌수록 좋습니다. 다만 당장 무엇을 바라면서 하는 것은 하지 않은 것보다 못합니다. 비우는 보시가 더 풍족합니다.

084

악한 일은 자신에게 해를 끼치지만

그 일은 저지르기 쉽다.

착한 일은 자신에게 평화를 가져오지만

그 일은 행하기 어렵다.

─『법구경』

몸에 좋은 약은 쓰디씁니다. 약이 몸 속에 들어가 나쁜 병균들과 싸워야 해서 그런 것인지 모릅니다. 몸에 좋지 않은 것은 달콤합니다. 꿀맛입니다. 자꾸 손이 가고 입과 몸에서 반응을 보입니다. 결국 여러 가지 병이 몸을 괴롭히게 됩니다.

자신에게 해가 되는 좋지 못한 일은 저지르기 쉽습니다. 저지르다 보면 결국 해악이 되어 돌아오는 것이 부지기수입니다. 착한 일을 하는 것은 쉽지 않습니다. 왠지 모르게 손해를 보는 경우가 많습니다. 그래도 착한 일을 해야 결국 좋은 일이 되어 자신에게 돌아옵니다.

인과(因果). 부처님 가르침은 인과입니다. 좋은 일을 해야 좋은 일이 생기는 것은 당연합니다.

085

성 안 내는 그 얼굴이 참다운 공양구요

부드러운 말 한마디 미묘한 향이로다.

깨끗해 티가 없는 진실한 그 마음이

언제나 한결같은 부처님 마음일세.

— 문수보살 계송

진리의 말씀입니다. 작은 웃음 하나, 미소 하나가 사람들의 마음을 움직입니다. 미소에서 태어난 말과 찌푸린 얼굴에서 나오는 말은 출발부터 다릅니다. 부드러운 말 한마디 역시 향이 되어 사방을 적십니다. 법향(法香)은 시간과 공간을 벗어나 세상에 전해집니다.

티가 없는 진실한 마음도 마찬가지입니다. 진실한 마음은 장벽이 없습니다. 그 어떤 장애물도 문제가 되지 않습니다. 벽이면 뛰어넘을 것이요, 산이면 타고 넘어갈 것입니다. 장애는 영원하지는 못합니다.

온화한 얼굴에 부드러운 말과 진실된 마음이라면 그것이 바로 부처님입니다. 부처님의 모습 그 자체입니다. 당신이 바로 부처님입니다.

086

바람은 보이지 않지만

나뭇가지를 보면 알 수 있고

사람의 마음은 보이지 않지만 육근을 통해서

그 마음을 알 수 있다.

— 『현계론』

깃발이 흔들리는 것을 보고 바람이 움직이는 것을 알 수 있습니다. 나뭇가지가 춤추는 것에서 바람의 흐름을 읽습니다. 바람이라는 원인이 있기에 나뭇가지와 깃발이 흔들립니다. 육조 혜능은 춤추는 깃발을 보고 마음이 흔들린다는 화두를 던지기도 했습니다.

사람의 마음도 보이는 것은 아닙니다. 바람과 같습니다. 하지만 마음이 어떻게 움직이는지는 얼굴을 통해 알 수 있습니다. 더 구체적으로는 육근을 통해 드러납니다.

여섯 가지 인식대상인 색성향미촉법(色聲香味觸法)인 육경(六境)과 이것들을 지각하는 기관을 안이비설신의(眼耳鼻舌身意)인 육근(六根)이라 합니다. 눈과 귀와 코와 혀와 몸과 의지가 어떻게 움직이는지를 보면 마음의 방향을 알 수 있습니다. 그래서 마음 관리가 더 중요합니다.

087

숫돌은 닳아도 보이지 않지만

언젠가는 닳아 없어지고

나무를 심으면 자라는 게 보이지 않지만

언젠가는 훌쩍 자란다.

— 『선림보훈집』

아이들은 하루가 다르게 자랍니다. 몇 달 또는 몇 년에 한 번씩 만나면 몰라볼 정도로 쑥쑥 커 있습니다. 그런데 그 아이들을 키우는 부모님들은 막상 아이들이 자라는 것을 실질적으로 체감하지는 못합니다. 매일 바라봐도 실감하지 못합니다. 항상 같이 있기 때문입니다.

붓글씨를 쓰기 위해서는 정성스럽게 숫돌을 갈아야 합니다. 뛰어난 글이 나올수록 숫돌은 깊이 패입니다. 묘목으로 심은 나무 역시 세월을 먹고 자랍니다.

하루하루의 수행이 지겨울 수 있습니다. 힘이 들 수도 있고 귀찮을 수도 있습니다. 그러나 조금만 더 참고 견디면 수행의 나무 역시 하루가 다르게 자랄 것입니다. 우후죽순. 비 온 뒤 죽순처럼 무섭게 자라는 것이 바로 수행이라는 나무입니다.

088

게을러서 일하지 않고

남이 이룬 것을 부러워하는 자는

남의 목장의 소를 세는 자와 같다.

— 『법구경』

스스로 노력하지 않고 남의 성과만 부러워해서는 발전이 없습니다. 내가 노력해서 나의 성과를 만들어야 나의 것이 됩니다. 그렇게 키운 나의 소를 세야 한 마리 두 마리 숫자가 늘어날 것입니다. 남의 목장을 뛰어다니는 수많은 소를 부러워해서는 아무 소용없습니다. 말 그대로 '그림의 떡'입니다. 물고기 없는 연못을 지키는 따오기 같은 처지입니다.

경전도 직접 읽으면서 공부해야 그 맛을 알고 수행도 직접 실참을 해야 그 진면목을 알 수 있습니다. 절도 마찬가지입니다. 지극한 마음으로 부처님께 한 배 한 배를 올리다 보면 마음속의 큰 변화를 느낄 수 있습니다. 남이 이야기해주는 것을 백 번 듣는 것보다 한 번이라도 직접 해봐야 발전하는 자신을 발견할 수 있습니다.

089

노인 한 분이 죽는 것은

도서관 하나가 없어지는 것과 같다.

— 아프리카 속담

한 사람 한 사람이 모두 불성을 가진 존재이듯이, 한 사람 한 사람 모두가 하나의 우주입니다. 어린아이건 연세 지긋한 어르신이건 모두가 하나의 우주입니다.

어르신 한 분 한 분은 수십 년간 우주를 가꿔온 분들입니다. 그 우주 속에는 가늠할 수 없는 경험이 녹아 있습니다. 분야는 광대하고 그 깊이 또한 헤아리기 어렵습니다.

그래서 경험에서 나오는 어르신들의 말씀들을 경청해야 합니다. 한 마디 한 마디가 바로 진리입니다. 스님들의 법문 역시 마찬가지입니다. 수십 년간 부처님 법을 공부하고 정진하신 신심(信心)과 원력(願力)을 듣는 것만으로도 큰 가피를 받을 수 있을 것입니다.

숲속을 열 명이 지나가면 흔적을 남기고

백 명이 지나가면 오솔길이 생기고

천 명이 지나가면 길이 생긴다.

— 중앙아시아 속담

길은 정해져 있기도 하지만 정해져 있지 않기도 합니다. 기존의 길을 따라가는 것도 좋지만 때로는 스스로가 길이 되어야 할 때도 있습니다.

부처님께서는 당신이 직접 길이 되었습니다. 수많은 방해와 탄압을 뚫고 길을 만들었습니다. 지난한 과정이었지만, 좁고 협소한 길이 대로가 되어 중생들이 부처님의 길을 따르고 있습니다.

부처님을 따르던 열 명의 길은 비좁았습니다. 백 명의 길은 오솔길이었습니다. 천 명, 만 명이 다니는 길은 세상 모두의 길이 되었습니다. 부처님의 길은 법과 진리의 길입니다. 열반으로 향하는 길입니다.

091

태산 같은 자부심을 갖고

누운 풀처럼 자기를 낮추어라.

역경을 참아 이겨내고

형편이 잘 풀릴 때를 조심하라.

재물을 오물처럼 볼 줄도 알고

터지는 분노를 잘 다스려라.

때로는 마음껏 바람처럼 흘러보고

사슴처럼 두려워할 줄 알고

호랑이처럼 용맹할 줄 아는 것이

무릇 지혜로운 이의 삶이니라.

— 『잡보장경』

'수처작주 입처개진(隨處作主 立處皆眞)'이라 했습니다. 언제나 당당하게 주인으로 살면서도 대중들을 향해서는 항상 겸손해야 합니다. 일시적인 고난을 이겨내면 언제나 좋은 결과는 뒤따르기 마련입니다. 그래도 이런 때를 항상 조심해야 합니다.

재물을 대할 때도 냉정함을 잃지 말고 탐진치 삼독심을 다스릴 수 있어야 한 단계 더 성숙할 수 있습니다. 대중들의 힘을 믿고 때로는 대중들을 두려워할 줄도 알아야 하고 또 대중들과 함께 호랑이처럼 치고 나갈 수도 있어야 합니다.

지혜로운 사람은 이렇게 나아갈 때와 들어올 때, 몸을 세울 때와 낮출 때를 잘 구분합니다.

092

밖에서 찾지 말라. 답은 그대 안에 있다.

— 『마하지관』

부처님께서 성도 후 다섯 비구를 제도하고 만난 사람 중에 야사라는 청년이 있었습니다. 야사는 명문가의 아들로 호화로운 생활에 젖어 있었습니다. 하루는 야사와 그 일행이 자신들의 보물을 훔쳐갔다며 한 여성을 찾아다니고 있었습니다. 잡히면 가만두지 않겠다고 씩씩대며 사방을 뒤졌습니다.

잔뜩 화가 오른 야사를 보고 부처님께서 불러 세웁니다. 그리고는 당부하셨습니다.

"너의 온갖 고통은 밖에 있는 것이 아니다. 문제도 너에게 있고 답도 너에게 있다. 그 여자를 찾는 것이 중요한가, 너 자신을 찾는 것이 중요한가?"

타고난 총명함이 있던 야사는 부처님의 말씀을 단박에 알아듣습니다. 모든 문제의 원인은 나한테 있고 해답 역시 마찬가지입니다. 그래서 나를 찾는 것이 중요합니다.

093

내 인생 최고의 날은 언제인가?

바로 오늘이다.

어제는 지나간 오늘이요,

내일은 오지 않은 오늘이다.

그러므로 오늘이야말로

내 인생의 최고의 날로 알아야 한다.

— 『벽암록』

'지금 이 순간!'이라는 말을 많이 합니다. 지금보다 더 중요한 시간이 없습니다. 어제는 과거일 뿐입니다. 오늘을 어떻게 사느냐에 따라 내일이라고 하는 미래가 결정됩니다.

'카르페 디엠!(Carpe Diem)'이라고 했습니다. 영화 〈죽은 시인의 사회〉에서 새로 부임한 키팅 선생은 규율과 전통, 주입식 교육에 짓눌려 있던 명문 기숙학교 학생들에게 외쳤습니다.

"카르페 디엠. 오늘을 즐겨라… 오늘을 잡아라… 오늘을 살아라. '카르페 디엠'이란 소리가 들리지 않니? 우리는 언젠가 죽는다. 시간이 있을 때 장미 꽃봉오리를 즐겨라."

오늘을 즐길 줄 알아야, 오늘이 최고인 날이 되어야 삶 전체가 행복해집니다. 지난 과거, 오지 않은 미래를 걱정할 필요가 없습니다. 우리가 행복한 시간은 '지금'입니다.

094

성내지 않으므로 노여움을,

선으로 악을,

나눔으로 인색함을,

진실로 거짓을 이겨라.

— 소부경전

갓가지 고난은 한순간에 올 수도, 아니면 찬찬히 조금씩 올 수도 있습니다. 그래서 평소에 고난을 이길 수 있는 힘을 길러야 합니다.

노여움은 성내지 않음으로, 악은 선으로, 인색함은 나눔으로 극복할 수 있습니다. 거짓은 진실로 이길 수 있습니다. 어둠이 빛을 이길 수 없는 것과 같은 이치입니다.

언젠가 어떤 시상식에서 탤런트 차인표 씨가 "50년을 살면서 느낀 것 세 가지가 있다. 첫째는 어둠은 빛을 이길 수 없다. 둘째는 거짓은 결코 참을 이길 수 없다. 셋째는 남편은 결코 부인을 이길 수 없다"라는 수상 소감으로 화제가 된 적이 있습니다. 세 번째 내용은 잘 모르겠지만 첫 번째와 두 번째는 100년이 지나도, 아니 1,000년이 지나도 변치 않을 진리입니다.

095

베풀 때는 자신을 돌아보지 말고

또한 베풀 상대를 가리지도 말라.

— 『열반경』

성철 스님이 생전에 강조한 3대 가르침 중 하나가 "남 모르게 남을 도웁시다."입니다. 남을 도울 거면, 그 사람 모르게 도우라는 것입니다. 말 그대로 무주상 보시를 실천하라는 말씀입니다.

무심(無心)에 주하여 행하는 보시를 청정하고 참된 보시라고 하는데, 우리는 이를 무주상보시(無住相布施) 라고 합니다. "내가 누구를 위하여 무엇을 베풀었다."라 는 자만심 없이 자비스러운 마음으로 온전하게 베푸는 것을 뜻합니다.

생각해보면 부처님의 삶도 보시의 삶입니다. 부처님 께서는 당신이 깨달은 법과 진리를 어느 누구에게나 나 누어 주셨습니다. 다만 부처님 말씀 한 마디로 깨달은 사람이 있고, 부처님의 자세한 설명으로 깨달은 사람이 있긴 합니다.

096

인간에게 있어서 가장 무서운 독극물은

욕심, 분노, 어리석음이다.

— 『열반경』

깨달음에 이르기 위해서 반드시 수행해야 할 여덟 가지 바른길을 팔정도(八正道)라고 합니다. 팔정도를 다시 계율(戒律)과 선정(禪定)과 지혜(智慧)의 세 가지로 요약하여 삼학(三學)이라 합니다. 이 삼학을 그릇에 담긴 물에 비유를 하면 계율은 그릇이 온전하고 튼튼해지는 것이니 그래야 물이 새어나가지 않게 되고, 선정은 물이 고요해져서 맑아지는 것이며, 지혜는 거기에 달이 밝게 나타나는 것이라고 할 수 있습니다.

욕심과 분노, 어리석음의 탐진치(貪瞋癡)는 인간을 가장 해롭게 하는 독극물입니다. 독극물을 멀리할 수 있는 힘은 삼학(三學) 수행에 있습니다.

097

밖으로부터 날아오는 독화살은 막을 수 있지만

안으로부터 자라는 독화살은 막을 수 없다.

— 『아함경』

밖의 고통과 싸우는 일은 쉽습니다. 눈에 보이는 대상의 성격을 파악하고 대응 방안을 마련하기가 수월합니다. 적을 알기에 일전을 불사하는 것이 그리 어려운 일은 아닙니다.

그러나 안에서 자라는 독화살을 막는 것은 쉽지 않습니다. 먼저 내 안에서 커가는 독화살의 존재 여부를 잘 알지 못합니다. 순간순간의 탐진치를 먹고 자라는 독화살은 생각할 틈도 없이 어느새 자라나 있습니다. 그리고는 뾰족한 화살촉까지 탑재합니다. 결국 내 안의 독화살은 장전이 되어 내 몸 깊숙한 곳을 찌르게 됩니다.

남을 보기 전에 나를, 밖을 보기 전에 안을 살필 줄 알아야 합니다. 밖에서 가해지는 공격보다 내부에서 무너지는 것이 훨씬 쉬운 일입니다.

098

―――

인색과 탐욕은 가난의 문이 되고

보시는 행복의 문이 된다.

— 『문수사리정율경』

돈을 좇는 사람에게 돈은 오지 않습니다. 정직한 마음으로 일하는 사람에게 저절로 부는 다가옵니다. 인색과 탐욕은 부와 반비례합니다. 반면에 내가 가진 그 무엇을 나누는 사람에게는 행복의 문이 저절로 열립니다. 주는 만큼 돌아옵니다. 비워야 채워집니다. 그것이 인과(因果)입니다.

다만 보시를 행할 때는 세 가지가 깨끗해야 합니다. 주는 마음, 받는 마음, 주고 받는 물질이 바로 그것입니다. 주는 마음에 티끌이 있어서는 안 됩니다. 받는 마음 역시 마찬가지입니다. 그리고 주고 받는 물질에도 번뇌가 스며들어 있으면 옳지 않습니다.

행복의 문은 언제 어디서나 우리에게 열려 있습니다.

099

세상에는 세 가지 부류의 사람이 있다.

첫째, 바위에 새긴 글씨와 같은 사람
둘째, 모래에 쓴 글씨와 같은 사람
셋째, 물에 쓴 글씨와 같은 사람

바위에 새긴 글씨와 같은 사람은 자주 화를 내면서 그 화가 오래 계속되는 사람입니다. 마치 바위에 새긴 글씨는 비바람에도 지워지지 않고 오랫동안 남아있는 것과 같습니다.

모래에 쓴 글씨와 같은 사람은 자주자주 화를 내기는 하지만 그 화가 모래에 쓴 글씨와 같이 오래가지 않는 사람입니다.

물에 쓴 글씨는 이내 흘러서 자취도 없는 것처럼 욕설이나 언짢은 말을 들어도 조금도 그 마음에 자취를 남기지 않고 온화하고 즐거운 기분으로 지내는 사람입니다.

물처럼 어디에나 스며드는 삶이 행복합니다. 물처럼 낮은 곳으로 향하는 삶이 여법합니다.

100

선지식은 지혜로운 의사와 같다.

병과 약을 알고 증상에 따라 그 약을 주어

우리 마음의 병을 낫게 하기 때문이다.

— 『열반경』

어른이 없다고 합니다. 선지식이 없다고 합니다. 시절이 어려울수록 어른은 더 그리워지는 법입니다.

선지식은 의사와 같습니다. 아프고 힘든 중생들의 병을 진단해 약을 주기 때문입니다. 병이 나으면 튼튼하고 행복한 삶을 살 수 있도록 도와주는 분도 선지식입니다.

부처님과 역대 조사스님들, 현재 제방에서 정진하시는 수행자들, 그리고 나와 함께 하고 있는 모든 분들이 다 선지식입니다.

집에 있는 부모와 형제자매, 직장에서 일하는 동료들, 각종 모임에서 만나는 많은 사람들을 부처님과 선지식으로 모시고 사는 우리 삶은 행복합니다.

어떤 사람이 부처님을 찾아와, 자신을 한탄하였다.

"저는 하는 일마다 제대로 되는 일이 없으니 이
무슨 이유입니까?"

"그것은 네가 남에게 베풀지 않았기 때문이니라."

"저는 가진 것이 아무것도 없는 빈털터리입니다.
남에게 줄 수 있는 재물이 있어야 주지, 도대체 뭘
준단 말입니까?"

"우바새여! 그렇지 않느니라. 재산이 아무리 없더라
도 타인들에게 베풀 수 있는 일곱 가지 보시가 있
느니라. 그 일곱 가지 보시란 화안시和顏施·자안시
慈眼施·애어시愛語施·심시心施·신시身施·상좌시床座
施·방사시房舍施이나니라."

—『잡보장경』

부처님 말씀 그대로입니다. 꼭 무엇을 가지고 있어야, 꼭 재물이 있어야 남에게 베풀 수 있는 것이 아닙니다. 그것이 바로 무재칠시(無財七施)입니다.

화안시(和顔施)는 밝고 평화로운 얼굴로 남을 대하는 일이고, 자안시(慈眼施)는 자애로운 눈길로 사람을 바라보는 일이며, 애어시(愛語施)는 따뜻한 말로 사람을 대하는 것입니다. 심시(心施)는 마음으로, 신시(身施)는 몸으로 이웃을 돕는 것이고, 상좌시(床座施)는 자리를 내어주는 것입니다. '양보'를 의미한다 할 수 있습니다. 방사시(房舍施)는 사람에게 쉴 수 있는 방을 제공하는 것으로 부처님 당시 환경에서는 매우 큰 보시라 할 수 있습니다.

마음으로 이웃을 대하는 정신이 바로 무재칠시의 취지일 것입니다.

102

물 한 방울이 모여

바다를 이루고

흙 한 줌이 쌓여서

높은 산을 이룬다.

한 명 한 명의 수행자가 모여 총림(叢林)을 이룹니다. 총림은 규모만을 말하는 것이 아닙니다. 각자의 신심(信心)과 원력(願力)의 결정체입니다. 수행에 대한 개인의 각오와 결의가 있어야 진정한 총림이 될 수 있습니다.

우리 삶도 마찬가지입니다. 물 한 방울이 개울이 되고 강이 되어 바다를 이룹니다. 미세한 흙 입자가 결국에는 산이 됩니다. 작은 것을 소홀히 하는 사람이 결코 큰일을 할 수 없습니다.

수행도 마찬가지입니다. 작은 실천이 모여 도(道)가 됩니다. 하루하루의 작은 실천수행이 수행의 단계를 높여줄 것입니다. 오늘의 절 한 번, 참선 10분이 훗날 거대한 '나'를 만듭니다.

103

고통받는 중생이 없으면

보살은 부처를 이룰 수 없느니라.

— 『광덕태자경』

중생을 구제하기 위한 마음을 낸 사람이 보살입니다. 중생을 살피며 부처가 되는 존재입니다. 중생이 없으면 부처도 필요 없습니다.

설악산의 거인으로 수많은 대중들의 존경을 받았던 오현 스님의 말씀이 생각납니다.

"'본래면목', '뜰 앞의 잣나무' 같은 화두는 1,000년 전 중국 선사들의 산중문답이다. 중생이 없으면 부처도 필요 없다. 환자가 없으면 의사가 필요 없는 것과 같다. 부처는 중생과 고통을 같이해야 한다. 불교는 깨달음을 추구하는 종교가 아니라 깨달음을 실천하는 종교다."

중생과 함께 하는 삶, 고통받는 사람들의 손을 잡아주는 종교, 불교의 길입니다.

수행의 길로 가는

삼혜三慧, 문사수聞思修.

우리가 정진하여 지혜를 얻을 수 있는 세 가지 길이 있습니다. 그것은 바로 삼혜(三慧), 문사수(聞思修)입니다.

문혜(聞慧)는 부처님의 가르침이 담긴 법문을 들어서 얻는 지혜입니다. 듣는 것만이 아니라 보는 것도 역시 문혜라고 할 수 있습니다.

사혜(思慧)는 부처님 가르침을 사유하고 '내 것'으로 만드는 것입니다. 스치는 인연이 아니라 맺어지는 인연입니다.

수혜(修慧)는 부처님 가르침을 직접 수행으로 실천해 보는 것입니다.

문사수(聞思修) 삼혜(三慧)를 통해 우리는 부처님의 지혜를 얻을 수 있습니다. 부처님의 길에 들어설 수 있습니다.

105

아껴서 손해 보는 것은

웃는 것과 칭찬하는 것밖에 없다.

— 프랑스 속담

칭찬과 웃음에 인색한 것보다 더 큰 손해는 없습니다. 작은 일에도 건네는 넉넉한 칭찬은 사람들의 기운을 북돋습니다. 남에게 웃어 주고 나를 위해 웃어 주면 주변에는 따뜻한 기운들로 넘쳐납니다.

말로 칭찬하고 얼굴로 웃는 것은 단순한 행위가 아닙니다. 나와 남과 우리가 행복해지는 출발과 같은 것입니다.

『사분율』에는 바라문과 소의 이야기가 나옵니다. 칭찬을 들은 바라문의 소가 온갖 욕을 들은 장자의 소와 수레 끄는 내기를 해 이긴다는 내용입니다.

웃음은 마음을 아름답게 하고 칭찬은 몸을 춤추게 합니다.

106

미인의 3대 조건

첫째, 언제나 웃을 것

둘째, 못생겼다고 생각하지 않을 것

셋째, 상대방 입장에서 말할 것

— 요시다 겐코

요시다 겐코는 중세시대 활동한 일본의 스님입니다. 인생무상을 노래한 『도연초』라는 책을 남긴 유명한 승려 문학가입니다.

이 책에 미인의 3대 조건이 있습니다. 언제나 웃는 사람보다 아름다운 사람이 없습니다. 웃음 속에는 모든 번뇌를 날려버리는 강력한 힘이 있습니다. 못생겼다 생각하지 않으면 됩니다. 스스로를 위축시킬 것이 아니라 당당한 자신감이 필요합니다.

그리고 항상 상대방을 배려하는 정신이 필요합니다. 상대방을 존중하고 배려할 때 나도 존중받을 수 있습니다. 예쁜 사람이 미인이 아닙니다. 아름다운 사람이 진짜 미인입니다.

107

성내는 마음을 버려라.

자비로 그것을 다스려라

— 『정법염처경』

자비가 없으면 무자비해집니다. 성내는 마음이 생기면 무자비해집니다. 무자비는 자비로 다스려야 합니다.

부처님께서는 말씀하셨습니다.

"성내는 마음은 우박과 같아서 잘 익은 곡식들을 못 쓰게 만드니, 오직 바른 지혜의 눈만이 그 어둠을 다스릴 수 있다. 성내는 마음은 불과 같아서 모든 계율을 부순다. 성을 내면 얼굴빛이 변하며, 그것은 추한 모습의 원인이 된다.

분노는 큰 도끼와 같아서 법의 다리를 부순다. 분노가 마음속에 머무르면 마치 원수의 집에 들어간 것처럼 불안해진다. 그리고 그것은 한결같은 마음과 바른 행을 모두 부숴버린다."

새기고 또 새겨야 할 말씀입니다.

108

나의 종교는 매우 간단하다.

그것은 친절이다.

남을 행복하게 하고 싶으면 자비를 베풀라.

자신이 행복해지고 싶으면 자비를 베풀라.

— 달라이라마

친절은 모든 종교의 화두입니다. 친절은 불교, 기독교, 천주교 등 모든 종교를 아우릅니다. 친절보다 더 훌륭한 종교는 없습니다.

달라이라마 스님도 말합니다. 나와 남이 행복해지려면 자비를 베풀어야 한다고 말입니다. 자비는 친절로 구체화되고 실천됩니다.

친절한 삶은 모든 고난을 이기게 합니다. 친절한 삶은 모든 번뇌를 물리칩니다. 번뇌가 없으니 삶이 윤택해지고 나와 남은 평화로 연결됩니다.

종교의 불친절한 일들이 가끔씩 눈살을 찌푸리게 합니다. 종교가 사회를 걱정하는 것이 아닌, 사회가 종교를 걱정하는 현실입니다. 종교계뿐만 아니라 우리 사회 전체에 '친절'이 절실합니다.

지은이 | 보각 스님

해남 대흥사에서 천운 스님을 은사로 출가했다. 1974년 스님
으로서는 최초로 사회복지학을 전공했고, 1985년부터 중앙
승가대 불교사회복지학과에서 수천 명의 제자를 길러냈다.
1994년 삼전종합사회복지관 관장을 시작으로 원주 소쩍새마
을과 상락원, 자제공덕회 등을 불교계 대표 복지시설로 성장
시켰다. 2019년 7월 정년퇴임 후에도 '영원한 현역'으로 활동
하며 후학들의 존경을 받고 있다.

'불교사회복지의 선구자'로서 종정예하 공로패, 총무원장상,
만해대상과 영축문화대상, 불이상, 법무부장관상, 보건복지부
장관상 등을 수상했으며, 현재 중앙승가대 명예교수, 사회복
지법인 자제공덕회 이사장과 목포 달성사 주지로서 포교와 수
행에 진력하고 있다.